Internationale
Schmorgerichte
mit Curry

VIOLET OON
ECKART WITZIGMANN

Internationale Schmorgerichte mit Curry

GEWÜRZ UND GERICHT,
GRUNDELEMENTE UND ZUBEREITUNG

BECHTERMÜNZ

Inhalt

Curry-
Lexikon

Mehr als nur ein Pulver – dem Geheimnis von Curry auf der Spur! Was ist ein Curry überhaupt? Und wieso ist Curry nicht gleich Curry? Diese und weitere Fragen beantwortet das Curry-Lexikon. Mit einem Überblick über die kulinarisch wichtigsten Curry-Gewürze von Asant bis Zimt, von Kardamom bis Kurkuma. Pulver, Pasten und Masalas für Curries mit Gemüse, Seafood oder Fleisch.

Doch noch eine ganze Reihe weiterer Zutaten macht den Charakter eines Curries aus. Keinesfalls fehlen dürfen in der Komposition vor allem die Chilies, welche für die nötige Schärfe sorgen, die dann wiederum durch Nüsse oder Kokosmilch – selbstverständlich frisch zubereitet – abgemildert wird.

Curry - was ist das?

Diese Frage läßt sich gar nicht so schnell und einfach beantworten. Denn unter dem Begriff Curry kann man viel mehr verstehen als das hierzulande unter diesem Namen bekannte ockerfarbene, mehr oder minder scharfe Pulver. In den diversen Curry-Küchen der Welt bezeichnet das Wort nämlich Schmorgerichte mit mal mehr, mal weniger Sauce, für deren Zubereitung zunächst jeweils eine spezielle Würzmischung hergestellt wird. Deren Zusammensetzung und die Auswahl der restlichen Zutaten hängt vorrangig von den Kochtraditionen der betreffenden Region, aber auch von den zur Verfügung stehenden Produkten ab. So ist es kein Wunder, daß die Curries der Autoren dieses Buches grundverschieden sind. Violet Oon, die im kulinarischen Schmelztiegel Singapur ihr Kochstudio leitet, steuerte zu diesem Band Rezepte in der Tradition der südostasiatischen und indischen Curryküche bei, vor allem Gerichte, die mit Pasten auf der Basis von Ingwer, Galgant, Zwiebeln, Knoblauch, Zitronengras und Garnelenpaste sowie oft einer für europäische Gaumen ungewohnten Menge Chilies gewürzt sind. Eckart Witzigmann, der in München lebende Meisterkoch, kreierte Curries, die Indisches, Südostasiatisches und Europäisches so verbinden, daß eigenständige, delikate Kombinationen entstanden sind. Das soll auch alle, die die spannenden Curryrezepte dieses Buches nachkochen möchten, dazu ermuntern, selbst herauszufinden, was dem persönlichen Geschmack entspricht und beispielsweise die Gewürze – allem voran die Menge der Chilies – individuell zu variieren.

Ob mit Seafood, Fleisch, Gemüse oder Geflügel: Dort, wo man Curries kocht, wählt man die Gewürze, die man für ein Gericht nimmt, mit Bedacht und stimmt das Mischungsverhältnis ganz genau auf die übrigen Zutaten ab.

CURRIES WELTWEIT

Curries waren ursprünglich wohl eine indische »Erfindung« – zumindest kann man auf dem Subkontinent die Curry-Tradition am längsten zurückverfolgen: Vermutlich seit einigen Jahrtausenden schon bereitet man dort die würzigen Schmorgerichte zu, die man für so delikat erachtete, daß man sie selbst den Göttern als Opfergaben darbieten konnte. Das Currykochen beschränkt sich jedoch nicht auf Indien, und da, wo sie zubereitet werden, schmecken sie selbstverständlich nicht überall gleich; jede Region – auch in den verschiedenen Landesteilen Indiens ist Curry nicht gleich Curry – hat ihren eigenen »Stil«. Der bestimmt die Konsistenz der Sauce, ob man mit Ghee, der indischen geklärten Butter, oder mit Öl kocht und nicht zuletzt, ob alles zum Schluß mit Brühe, Kokosmilch oder einfach mit Wasser zum Schmoren aufgegossen wird. Gemeinsam ist ihnen allerdings, daß sie mit Würzmischungen aus getrockneten oder frischen Zutaten hergestellt werden. Auch wenn das für die jeweilige Köchin oder den Koch einen zusätzlichen Aufwand bedeutet: Nur dann entfaltet eine Würzmischung ihren vollen Geschmack, und beim Nachkochen von Curries sollte man diese Arbeit deshalb auf sich nehmen.

Was indische Curries angeht, so kann man hier grob unterscheiden zwischen den Gerichten, wie sie eher im Norden des Landes zubereitet werden, und denen des Südens. In der Nähe der schneebedeckten Gipfel des Himalaya liebt man's eher gehaltvoll, verwendet Ghee fast verschwenderisch und mag die Sauce eher dickflüssig, läßt sie manchmal sogar so lange einkochen, daß sie fast komplett reduziert ist, wie etwa bei den als »Korma« bezeichneten Gerichten. Und das hat seinen Grund: Die übliche Beilage zu Curries im Norden sind dünne Fladenbrote aus Weizenvollkornmehl, und da mit den Händen gegessen wird, muß das Curry mit den Broten aufgenommen werden können. Im Süden dagegen, wo man Reis als Beilage reicht, sind die Saucen meist dünn – und, auch das im Unterschied zum Norden, oft um einiges schärfer und gern mit Knoblauch gewürzt. Solche Charakteristika kann man allerdings nicht unbesehen verallgemeinern; vielfach durchbrechen lokale Vorlieben die scheinbare Regel, aber auch die überwiegend religiös begründeten traditionellen Speisevorschriften und Verbote, welche die einzelnen Regionalküchen Indiens maßgeblich mitbestimmen. Übrigens werden als Beilagen zu Curries nicht nur Reis oder Brot serviert: Frische Salate, Gemüse und kühlende Joghurttunken können außerdem die Mahlzeit abrunden, traditionell appetitlich in kleinen Schälchen rings um das Curry arrangiert und, vor allem zu offiziellen Anlässen, auf einem Metalltablett, »thali« genannt, serviert – oder auch auf einem Bananenblatt, wenn's eher rustikal zugeht.

Von Indien aus haben sich Curries nahezu um die ganze Welt verbreitet. In Indochina, Indonesien, Singapur und Malaysia, um nur die wichtigsten südostasiatischen Regionen zu nennen, in denen sich sogar eine eigene Currytradition entwickelt hat, werden solche Gerichte meist mit einer aus überwiegend frischen Zutaten hergestellten Würzpaste und in einer Sauce auf der Basis von Kokoscreme und -milch zubereitet. Anders als indische Curries, die in der Regel eine ganze Weile schmoren, sind sie meist in wenigen Minuten fertiggegart.

Doch auch in Südafrika, Australien, auf Madagaskar, Mauritius und sogar auf den Karibikinseln genießt man die würzigen Schmorgerichte. Curries gelangten sozusagen im »Gepäck« indischer Auswanderer, die dort Arbeit fanden und sich teilweise für immer ansiedelten, in diese Gegenden. In der Karibik, um das entlegenste Beispiel zu nennen, verdingten sich viele Inder in der ersten Hälfte des 19. Jahrhunderts als Plantagenarbeiter – und kochten auch in der neuen Heimat weiterhin ihre Curries, die auf den französischsprachigen Inseln »colombo« genannt werden. Curry-Würzmischungen bestehen auf den »West Indies« stets aus getrockneten, gemahlenen Gewürzen und werden für Fleisch-, Geflügel- und Gemüsegerichte verwendet. Und ein Curry mit Zickleinfleisch ist auf Jamaika sogar so hoch geschätzt, daß es immer dann aufgetischt wird, wenn es etwas zu feiern gibt.

Gewürze – aromatische Kostbarkeiten

Die Natur stellt sie, für westliche Verhältnisse geradezu verschwenderisch, in Indien und Südostasien zur Verfügung – aromareiche Wurzeln, Früchte, Blüten, Blätter und sogar Rinde, die getrocknet, im ganzen oder fein gemahlen, als würzende Zutaten nicht nur in ihrer Heimat, sondern auch in Europa seit jeher geschätzt sind. Daher waren die Gegenden, in denen der Pfeffer und andere Gewürze wachsen, wie beispielsweise die Malabar-Küste im Südwesten Indiens, seit der Antike erstrebenswerte Ziele für geschäftstüchtige Seefahrer und Handelsgesellschaften unterschiedlichster Nationalitäten. Konnte man Gewürze doch zu Hause zu »gepfefferten« Preisen verkaufen und so ein Vermögen verdienen. Welche Folgen solche Unternehmungen zuweilen hatten, zeigt allein schon die Geschichte der britischen East India Company, die letzlich den Grundstein dafür legte, daß Indien zur britischen Kronkolonie wurde. Und die ostasiatische Handelsmetropole Singapur verdankt ihre Blüte der Tatsache, daß der Hafen – ebenfalls von der britischen Ostindiengesellschaft – als Freihandelsplatz für die Schätze der Molukken, der südostasiatischen »Gewürzinseln«, ausgewählt wurde.

Kein Wunder also, daß man demgemäß in den Küchen Südostasiens, vor allem aber in Indien, wahrhaft virtuos mit Gewürzen umzugehen weiß und so den Aromareichtum der Natur aufs Geschickteste kulinarisch zu nutzen versteht. Die Würzkraft jeder einzelnen Zutat kennt man genau, weiß durch lange Erfahrung, wann man ein Gewürz »einfach so« mitkochen kann, wann es, um sein Aroma am besten zu entfalten, im ganzen in Öl angebraten werden sollte, und wann es zunächst trocken geröstet werden muß, bevor man es mit anderen Gewürzen mischt und zu einem staubfeinen Pulver zermahlt. Eine der härtesten Kritiken, die indische Köchinnen oder Köche treffen können, ist die, daß in einem Gericht ein Gewürz »roh« schmecke oder »die Kehle angreife« – dann nämlich ist es falsch eingesetzt und möglicherweise ungünstig mit den anderen würzenden Zutaten kombiniert worden, so daß sich ein unharmonischer Gesamtgeschmack ergibt.

Doch nicht allein wegen ihres Aromas sind Gewürze so begehrt, auch ihre positiven und heilenden Wirkungen weiß man sich seit alters her geschickt zunutze zu machen. Die Ayurveda etwa, eine altindische Schrift über Gesundheitsfragen, empfiehlt Gewürze – pur, gemischt oder auch als Tees – zur Linderung von Beschwerden und zur Herstellung von Wohlbefinden.

Die Wurzeln von Galgant, Ingwer und Kurkuma (auf den Abbildungen von oben nach unten) werden in Asien auch getrocknet verwendet. Meist kommen sie dort jedoch nicht als Pulver, sondern im ganzen in den Handel und werden erst bei Bedarf gemahlen.

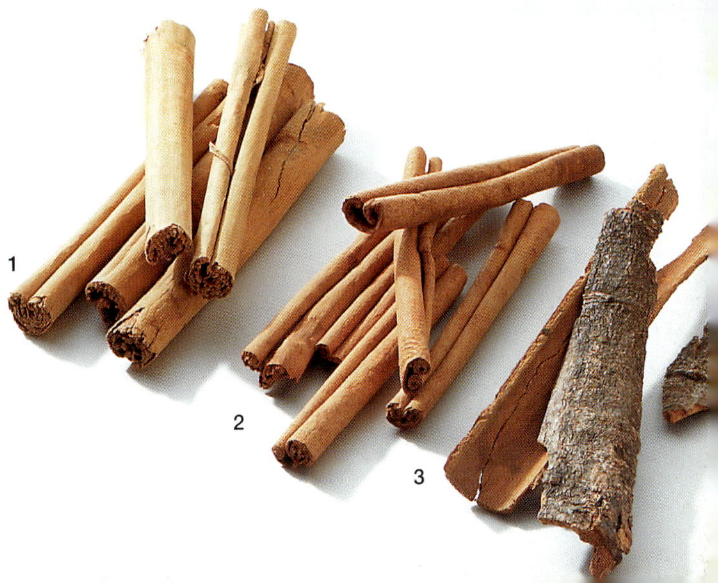

Zimt und Cassia – nicht ganz einfach zu unterscheiden. **1 –** Der relativ helle, sehr dünne und zerbrechliche echte Ceylon-Zimt rollt sich beim Trocknen eng auf. **2 –** Die etwas dunklere, dickere Cassia-Rinde, auch Chinesischer Zimt genannt, ist von brennend-würzigem Geschmack. **3 –** Sie wird auch mitsamt der Außenrinde angeboten. Da diese meist recht schmutzig ist, kauft man besser bereits geschälte Cassia.

Koriandersamen *(Coriandrum sativum)*, süßscharf und orangenähnlich. Ist im Aroma nicht mit Koriandergrün (siehe S. 18) vergleichbar.

Koriander, gemahlen, ein wichtiger Aromaträger vieler Currymischungen. Zur Intensivierung seines Geschmacks wird er in Öl angebraten.

Ajowan oder Ajwain *(Trachyspermum ammi)* hat ein scharfes, thymianähnliches Aroma. Wird in Indien häufig für Dal-Gerichte verwendet.

Fenchelsamen *(Foeniculum vulgare)* mit ihrer intensiven Anisnote sind oft Bestandteil von Würzmischungen wie Garam masala.

Grüner Kardamom *(Elettaria cardamomum)* hat ein einzigartiges Aroma. Verwendet werden die Fruchtkapseln und Samen, ganz oder gemahlen.

Schwarzer Kardamom *(Elettaria major)* hat größere Kapseln und ein kräftiges Aroma. Wird daher sparsam eingesetzt, etwa für Garam masala.

Sternanis *(Ilicium verum)*. 1 Stern besteht aus 6 bis 8 Früchten mit je 1 Samen. Sie entfalten ihr süßliches Aroma dezenter als die ganze Kapsel.

Weißer oder gelber Senf *(Sinapis alba)*. Die relativ großen Samen kommen zum einen als Gewürz, zum anderen als Ölfrucht zum Einsatz.

Schwarzer Senf *(Brassica nigra)*. Die Körner sind kleiner und schärfer als die des weißen oder gelben, werden aber genau wie diese verwendet.

Muskatblüte oder Macis *(Myristica fragrans)* heißt der gelbe Samenmantel der Muskatnuß. Sie ist zarter und feiner im Aroma als die Nuß.

Muskatnuß *(Myristica fragrans)*. Getrocknet, geschält und gerieben dienen die Samen des gleichnamigen Baums zum Würzen von Curries.

Samen von Bockshornklee *(Trigonella foenum-graecum)* werden meist vor Gebrauch geröstet, da sie roh unangenehm bitter schmecken.

Weißer Pfeffer *(Piper nigrum).* Ausgereifte, geschälte und getrocknete Früchte des Pfefferstrauchs. Feiner im Aroma als Schwarzer Pfeffer.

Schwarzer Pfeffer *(Piper nigrum).* Ungereifte, ungeschälte und getrocknete Früchte des Pfefferstrauchs. Sie besitzen ein scharfes Aroma.

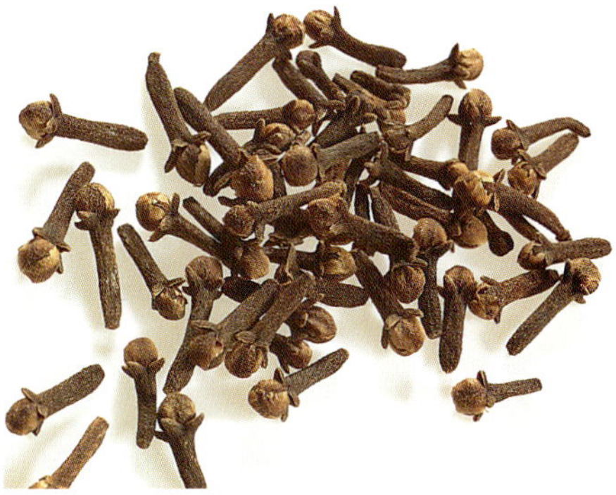

Nelken *(Caryophyllus aromaticus).* Getrocknete, ungeöffnete Knospen des Nelkenbaums mit einem charakteristisch scharf-würzigen Aroma.

Zwiebelsamen *(Allium cepa).* Sie haben ein etwas muffiges Aroma, das entfernt an Zwiebeln erinnert. Brot und Curries werden damit gewürzt.

Weiße Mohnsamen *(Papaver somniferum).* Gemahlen dienen sie in Indien zum Aromatisieren und Andicken von Curries und Saucen.

Geschälter Sesam *(Sesamum indicum)* ist cremefarben und fühlt sich leicht ölig an. Gemahlen verwendet man ihn als Gewürz und Bindemittel.

Schwarzer Kreuzkümmel *(Cuminum cyminum)* ist eine Varietät des Kreuzkümmels. Gebrauch und Geschmack wie dieser.

Kreuzkümmel oder Cumin *(Cuminum cyminum)* hat ein typisches, intensives, bitterscharfes Aroma. Hochdosiert nicht jedermanns Sache.

Schwarzkümmel *(Nigella sativa)* ist mit seinem nussig-pfeffrigen, etwas an Oregano erinnernden Aroma in Indien ein typisches Brotgewürz.

Asant, Stinkasant oder Teufelsdreck, aus dem Saft von *Ferula assa-foetida* gewonnen. Der unangenehme Geruch verschwindet beim Braten.

Für Amchur oder Mangopulver werden getrocknete Stückchen unreifer Mangos *(Mangifera indica)* gemahlen. Es dient als Säuerungsmittel.

Kümmel *(Carum carvi).* Einmal gemahlen, verfliegt das typische Aroma rasch. Darum sollte man Samen kaufen und jeweils frisch mahlen.

Ob getrocknet oder frisch: Chilies dürfen in kaum einem Curry fehlen. Reife Schoten sind von roter oder gelber, unreife von grüner Farbe. Nur reife rote Chilies kommen auch getrocknet in den Handel.

Chilies: die Curryschärfe

So werden Chilies »entschärft«: Die Schoten zunächst vom Stielansatz befreien und der Länge nach halbieren. Die Scheidewände mitsamt den Samen herausschaben, am besten mit einem Messerrücken oder einem kleinen Kugelausstecher.

Was wären indische und südostasiatische Curries ohne die scharfen grünen und roten Schoten? Sind sie es doch, die Pulvern und Pasten für die würzigen Schmorgerichte Temperament verleihen – zuweilen so viel, daß es Westlern, die solche Chili-Attacken nicht gewöhnt sind, Tränen in die Augen treibt und den Atem verschlägt. Eigentlich ist dieser großzügige Umgang mit den scharfen Schoten erstaunlich, wenn man nämlich bedenkt, daß es ausgerechnet die ehemaligen europäischen Kolonialherren waren, welche die Chilies aus deren mittel- und südamerikanischer Heimat (wo man eben auch Kolonien besaß) nach Asien brachten. Doch wurden die Chilischoten dort schnell heimisch – auch kulinarisch. Mittlerweile gedeihen im asiatischen Raum Chilies in den verschiedensten Sorten, Farben und Formen, die – vor allem aus Thailand – auch bei uns auf den Markt kommen.

Der Schärfegehalt variiert von Sorte zu Sorte, deshalb sollte man, wenn man Chilies gekauft hat, vor der Verwendung ein kleines Stück des Fruchtfleisches probieren – so kann man wenigstens ungefähr abschätzen, ob man die in einem Rezept angegebene Menge wohl noch als angenehm empfindet. Dabei muß aber noch berücksichtigt

werden, daß sich die Chilischärfe während des Garens ein wenig mildert. Für das Kochen mit Chilies ist daher ein wenig Erfahrung vonnöten, die man aber recht schnell erwirbt. Als Faustregel kann man sich merken, daß die kleinen Schoten meist die »schlimmsten« sind. Geradezu höllisch scharf sind die kleinen roten oder grünen thailändischen Vogelaugen-Chilies, die hierzulande auch unter ihrem englischen Namen »bird eye chili« angeboten werden.

Wer's so richtig »hot« liebt, braucht von den Schoten zur Vorbereitung lediglich die Stielansätze zu entfernen und verwendet die Samen und die Scheidewände im Innern der Frucht mit: Sie weisen den höchsten Gehalt an Capsaicin auf, dem Stoff, aus dem die Schärfe ist. Aus demselben Grund macht es auch einen Unterschied, ob man die Schoten im ganzen oder zerkleinert mitkocht. Ganze Chilies geben weniger Schärfe ab, da die Samen dann nicht direkt »wirken« können. Vorsichtige sollten aber generell das scharfe Innenleben der Schoten lieber entfernen, wie in der Bildfolge links unten gezeigt, und bei der Verarbeitung Haushaltshandschuhe anziehen. Denn Capsaicin, das an den Händen sitzt und unbeabsichtigt in die Augen, auf die Schleimhäute, oder bei ganz Empfindlichen auch nur auf die Haut gelangt, führt zu heftigen Reizungen. Das gilt für frische wie für getrocknete Chilies übrigens gleichermaßen. Für die Verwendung frischer Schoten ist ansonsten wenig zu beachten. Getrocknete kann man auf zweierlei Arten verwenden: Entweder zermahlt man sie so, wie sie sind – auf diese Weise werden auch Chilipulver und Cayennepfeffer industriell hergestellt –, oder man weicht sie eine Weile in kaltem oder lauwarmem Wasser ein und zerreibt sie dann. Dieses Verfahren wird vor allem für die südostasiatischen Currypasten angewendet.

Bei den meisten Currypulvern und -pasten sind Chilies die alleinigen Scharfmacher. Eine Ausnahme von dieser Regel sind die Curries von der indischen Malabarküste: Hier übernimmt Pfeffer diese Rolle. Was aber nicht heißt, daß diese Curries weniger scharf wären!

Hübsch, aber teuflisch scharf: Lampion-Chilies aus der Karibik, französisch »piments-lampions«, englisch »scotch bonnet peppers« genannt. Sie besitzen dünnes, fast durchscheinendes Fruchtfleisch, die Schoten sind stark gefurcht. Ob grün, rot oder gelb: in jedem Fall vorsichtig dosieren!

Zwiebeln & Wurzeln bringen Geschmack und Farbe

Ohne die sogenannten »fresh root spices« wären viele Curry-Gerichte undenkbar. Sie mit Zwiebeln, Schalotten und Knoblauch zu kombinieren, entspricht ganz der südostasiatischen Würztradition, weil man hier lieber auf frische statt auf getrocknete Zutaten zurückgreift. So kommt das »Currygelb« in Thailand, Malaysia oder Indonesien von frischen Kurkumawurzeln, während man diese in Indien meist getrocknet und gemahlen verwendet. Ingwer und Knoblauch hingegen bevorzugt man hier wie da frisch. Geschält und fein gehackt trifft man die beiden häufig im Verhältnis 1 : 1 gemischt an – als eine Art Grundzutat für Curries. Viele indische Hausfrauen stellen aus den beiden Ingredienzien eine homogene Paste her, die sich dann bei Bedarf bequem dosieren läßt und im Kühlschrank etwa eine Woche hält – ebenso wie die ganzen, für die Curryzubereitung benötigten Wurzeln. **1 – Ingwer** *(Zingiber officinale)* zum Beispiel kann man bis zu mehreren Wochen im Kühlschrank aufbewahren, ohne daß dies seinem kräftigen scharfen und zugleich süßlichen Aroma schaden würde. Beim Einkauf sollte man allerdings möglichst frische Rhizome mit glatter Haut – sie muß vor dem Verarbeiten grundsätzlich entfernt werden – auswählen. Dies gilt ebenso für ein weiteres Mitglied der Ingwerfamilie: **2 – Großer Galgant** *(Alpinia galanga)* erinnert im Geschmack an Ingwer, ist aber milder als dieser. Seine Rhizome sind heller, größer und haben rosafarbene Sprossen. Finden kann man ihn eventuell – wie frischen Ingwer, der mittlerweile aber auch so gut wie überall zum Standardangebot der Supermärkte zählt – in Spezialgeschäften für asiatische Lebensmittel. Wer Ingwergewächse übrigens selber ziehen will, steckt einfach die Rhizome im Frühjahr in humose Erde, sie treiben dann bei Zimmertemperatur aus. Tropische Temperaturen benötigt dagegen ein weiteres Ingwergewächs, das vor allem aufgrund seiner Färbekraft, aber auch des Geschmacks wegen frisch sehr geschätzt wird: **3 – Kurkuma** oder **Gelbwurz** *(Curcuma longa)* verleiht vielen Gerichten eine leuchtendgelbe Farbe. Erhält man sie frisch, sollte man beim Reiben der Wurzel Handschuhe tragen, da sich die gelbe Farbe nur schwer wieder von den Händen entfernen läßt. Wichtige Zutat für Curries ist außerdem **4 – Knoblauch** *(Allium sativum)*, der in großen Mengen verwendet wird. Die asiatischen Sorten der Allium-Gattung sind kleiner und milder als hiesige Varietäten, haben aber deutlich mehr Geschmack. Doch nicht nur Knollen oder einzelne Zehen finden Verwendung, auch »grün« aromatisiert er manches Gericht. Sehr beliebt ist **5 – Chinese chive**, der geschmacklich zwischen Knoblauch und Schnittlauch liegt, ebenso wie **6 – Schnittknoblauch**, dessen Blätter sowie die noch geschlossenen Blütenknospen gerne verwendet werden. **Zwiebeln** *(Allium cepa)*, welche zu den bindenden Curryzutaten zählen, bringen daneben aber noch zusätzlichen Geschmack und in manchen Fällen, nämlich dunkel gebräunt – sogar auch Farbe mit ins Curry. Beim Anbraten der klein gehackten Zwiebeln gilt es jedoch aufzupassen, daß nichts verbrennt, da sonst das Gericht verdorben wäre. Milde Gemüsezwiebeln eignen sich weniger für Curries, beliebt sind dagegen **thailändische rote Zwiebelchen.** Wer sie nicht bekommt, nimmt statt dessen Speisezwiebeln oder **Schalotten.**

Knoblauch-Vielfalt: Chinese chive, Schnittknoblauch mit ungeöffneten Knospen und Knollen. Das Angebot an Knoblaucharten auf Asiens Märkten ist einfach riesig.

Zitronengras, englisch lemon grass, ist eine mehrjährige tropische Grasart mit frischem Zitrusaroma, welches auf das im ätherischen Öl enthaltene Citral zurückzuführen ist. Es paßt gut zu Fisch oder Meeresfrüchten, aber auch zu Fleisch. Verwendet wird nur der untere helle Teil des Stengels. Zitronengras ist für die meisten Küchen Südostasiens ein Grundgewürz und wichtiger Bestandteil von Currypasten.

Koriandergrün oder Cilantro, *(Coriandrum sativum),* auch als Korianderkraut oder Chinesische Petersilie bezeichnet, hat ein eigenwilliges Aroma, ist jedoch von Curries nicht wegzudenken. Zumeist kommen die leuchtendgrünen, aromatisch-zarten Blättchen erst unmittelbar vor dem Servieren über die Speisen, manchmal werden sie jedoch auch von Anfang an mitgekocht.

Hara masala: grüne Gewürze

Wichtig für viele Curries sind neben den getrockneten auch frische, sogenannte »grüne« Gewürze; damit sind außer den Wurzeln und Zwiebeln vor allem die verschiedenen Kräuterarten gemeint. So verlangt etwa ein grünes Curry nach Koriandergrün als unverzichtbarer Zutat. Manche der erforderlichen Kräuter wie Minze oder auch Koriander lassen sich leicht beschaffen, ja sind sogar im Supermarkt erhältlich, manch andere wie Zitronengras oder die aufgrund ihres Geschmacks nicht zu ersetzenden Kaffir-Limettenblätter gibt's oft in Geschäften für asiatische Lebensmittel. Wieder andere wie Pandan oder Bockshornklee sind relativ schwer aufzutreiben. Am besten, man wendet sich diesbezüglich an einen speziellen Kräuter- oder Staudengärtner und zieht dann Pandan, Tulsi oder Bockshornklee im eigenen Garten oder auf dem Balkon. Manche der tropischen Pflanzen können auch in der Wohnung als Zimmerpflanze gehalten werden. Hier abgebildet sind die wichtigsten Kräuter für Curries, allen voran das häufig verwendete **Koriandergrün.** Wer dieses selber zieht, schlägt zwei Fliegen mit einer Klappe, denn einmal hat er die zarten, schnell welkenden Blättchen frisch zur Hand, zum anderen aber auch die Wurzeln der Pflanze, die so gut wie nie in den Handel gelangen und doch für manches, etwa für würzige Currypasten, benötigt werden. Mit **Curryblättern** oder **curry leaves,** indisch »kari patta« genannt, würzt man vor allem in Süd- und Westindien, sie passen zu Fisch- und Fleischcurries, aromatisieren aber auch Gerichte mit Gemüse oder Hülsenfrüchten. Mit ihrer hellen Unterseite, die Oberseite ist dunkler, sind sie leicht zu erkennen. Curryblätter wachsen an einem kleinen Baum. Zum Würzen wird meist ein Zweig mitgekocht, den man dann vor dem Servieren wieder entfernt. Oder aber man gibt die Blätter erst kurz vor Ende der Garzeit zu und köchelt sie zum Schluß noch 5 Minuten mit. Curryblätter sollten unbedingt frisch sein, weil sie nur so ihr volles Aroma entwickeln können. Getrocknet verlieren sie dagegen viel an Würzkraft. Wer sie frisch nicht bekommt und auf getrocknete ausweichen muß, sollte daher die im Rezept geforderte Menge mindestens verdoppeln.

▼ **Zitronengras** *(Cymbopogon citratus)* und ▼▼ **Pandanblätter** *(Pandanus tectorius)* gehören zur südostasiatischen Küche – vor allem in der indonesischen spielen sie eine wichtige Rolle. Die Blätter entwickeln ihren typischen süßlichen Geschmack erst beim Welken oder Kochen.

Curryblätter *(Murraya koenigii)* sind hierzulande nur selten frisch auf dem Markt. Sollte man sie finden, lohnt es sich, gleich mehr zu kaufen und den Rest einzufrieren.

Typisch für die indische Küche ist **Bockshornklee** oder **methi** *(Trigonella foenum-graecum)*, dessen Blätter ein eigenständiges Aroma haben und leicht bitter schmecken. Jung sind sie ein geschätztes Gemüse, als Gewürz werden sie gerne mit Kartoffeln kombiniert. Getrocknet erhält man sie unter der Bezeichnung »kasuri methi«. Aufgrund ihres kräftigen Aromas sollte man mit ihnen eher sparsam umgehen. Frisch oder getrocknet finden auch **Lorbeerblätter** *(Laurus nobilis)* als Currygewürz Verwendung. Die asiatischen Sorten sind dem europäischen Mittelmeerlorbeer verwandt, dieser kann daher ohne weiteres als Ersatz dienen. Anders sieht es dagegen bei einem weiteren Mitglied aus der Familie der Lauraceae aus, das häufig mit Lorbeer verwechselt wird. Dabei unterscheiden sich die **Zimtblätter** *(Cinnamomum tamala)* deutlich im Aroma, sind größer und eindeutig an den langen, ovalen Blattadern zu erkennen, die vom Stiel bis zur Blattspitze reichen.

Thai-Basilikum zählt zur großen Basilikumfamilie *(Ocimum* sp.) und ähnelt etwas dem Anisbasilikum. Süßes, intensives Aroma mit milder Anisnote.

Grünes Tulsi *(Ocimum sanctum)*, ein aus Indien stammendes, würziges Basilikumgewächs. Häufig wird auch sein Verwandter, das rotblättrige Tulsi, verwendet.

Kaffir-Limettenblätter *(Citrus hystrix)* duften intensiv nach Limette. Die dunkelgrünen, ledrigen Blätter sind ein wichtiges Gewürz für Curries.

Minze gibt es in vielen Sorten. Hier die Edelminze *(Mentha x gentilis)*. Ihr Mentholaroma und erfrischender Geschmack werden für Raitas und Salate geschätzt.

Dill *(Anethum graveolens)* mit seinem leicht herben Geschmack wird in der Regel frisch verwendet, da er beim Garen sein typisches Aroma verliert.

Hülsenfrüchte - Dals

In der indischen Küche haben getrocknete Hülsenfrüchte als willkommene Proteinlieferanten ihren festen Platz, ja sie sind eine der Hauptzutaten der indischen Küche. Auch in Verbindung mit Curries tauchen sie häufig auf. Mal serviert man Linsen, Bohnen und Co. als Beilage zu den würzig-scharfen Gerichten, eventuell auch in Kombination mit Reis, mal sind sie selbst Hauptbestandteil eines Gerichts, wie dies etwa beim Kichererbsen-Curry der Fall ist. Zu kaufen gibt es Hülsenfrüchte in den verschiedensten Formen, ganz oder halbiert, ungeschält oder geschält. Als »dal« werden in Indien genaugenommen aber nur die kleinen Sorten bezeichnet, die schnell weichgaren. Meist sind sie halbiert und geschält. Linsen gehören in jedem Fall dazu, auch kleine Bohnensorten sowie halbierte Kichererbsen. Die meisten müssen vor dem Kochen eingeweicht werden; am besten hält man sich hier an die Angaben im Rezept und auf der Packung. Kichererbsen sind auch kochfertig in Dosen erhältlich. Wer sich die lange Einweich- und Garzeit sparen will, kann zur Dosenware greifen, ohne einen Qualitätsverlust befürchten zu müssen. Links die wichtigsten Hülsenfrüchte: **1 – Braune Kichererbsen oder Kala chana,** eine kleine Kichererbsensorte aus Indien; in der Verwendung gleich wie gelbe Kichererbsen. **2 – Gelbe Kichererbsen – Kabuli chana,** sind vor allem im Osten Indiens beliebt. Aus ihnen stellt man »besan« her, ein Mehl, das zum Binden und Andicken von Curries verwendet wird. **3 – Geröstete gelbe Kichererbsen** bringen eine zusätzliche Geschmacksnote. **4 – Chana dal,** halbierte Kichererbsen. **5 – Masoor dal,** rote Linsen, geschält und halbiert. Brauchen in der Regel nicht eingeweicht zu werden. **6 – Rote Linsen,** im ganzen und ungeschält. **7 – Urdbohne,** im ganzen, ungeschält. **8 – Urid dal,** Urdbohnen, halbiert und geschält. Sind auch unter der Bezeichnung »urad dal« anzutreffen. **9 – Moong dal,** Mungbohnen, halbiert und geschält. Werden im Norden und Westen Indiens gern gegessen, sind leicht verdaulich. **10 – Toor dal,** milde gelbe Linsen, geschält. **11 – Toor dal, geölt.** Gelbe Linsen, geschält und geölt. So sind sie länger haltbar, vor dem Gebrauch wäscht man das Öl ab.

Bindende & säuernde Zutaten

Charakteristisches Merkmal eines gelungenen Curries ist das ausgewogene Verhältnis seiner einzelnen Geschmackskomponenten. So werden bestimmte Zutaten für die Schärfe gebraucht, andere hingegen bringen die gewünschte Säure und wieder andere sorgen für die nötige Bindung. Oft kann eine Zutat auch mehrere Aufgaben gleichzeitig übernehmen, wie dies etwa bei Nüssen, Kokosmilch oder Joghurt der Fall ist. Wer sich einmal einen gewissen Überblick über die verschiedenen Möglichkeiten des Kombinierens der Grundzutaten verschafft hat, kann sich durchaus auch ans Selberkomponieren von Curries wagen. Darum hier die wichtigsten Zutaten in Kürze: **1 – Kokosnuß.** Sie braucht man für die Herstellung von Kokosmilch, die frisch gemacht am besten schmeckt (siehe Seite 26). Curries auf Kokosmilchbasis sind vor allem für die südindische Küche typisch. **2 – Grüne Mangos** werden 2 bis 3 Monate vor der Reife gepflückt und zu Pickles oder Chutneys verarbeitet. Ihr Fruchtfleisch dient auch als Säuerungsmittel für Curries. **3 – Essig.** Zu ihm greift man oft in portugiesisch oder englisch beeinflußten Gebieten. Es sollte allerdings ein milder sein, Kokos- oder Reisessig (5 % Säure) eignet sich am besten. **4 – Melonenkerne** verwenden indische Köche gemahlen und mit etwas Wasser zu einer Paste angerührt zum Binden von Curries. **5 – Tamarinde,** auch Sauerdattel genannt, ist ein beliebtes Säuerungsmittel. Die graubraunen Hülsen enthalten ein faserdurchzogenes Mark, aus dem man unter Zusatz von Wasser Tamarindenwasser gewinnt (siehe unten). **6 – Getrocknete Rosenblätter.** Ihres Aromas und ihrer konservierenden Wirkung wegen gerne für

Fleischcurries verwendet. **7 – Naturjoghurt** dient als bindende und zugleich als säuernde Zutat. **8 – Limone.** Als Säuerungsmittel findet vor allem Limonensaft Verwendung; bei Curries mit Fleisch wird er erst zum Schluß des Garprozesses zugegossen, damit es zart bleibt. **9 – Kaffir-Limettenblätter,** säuernd, werden häufig, wie Zimt- oder Lorbeerblätter auch, im ganzen mitgekocht. **10 – Getrocknete Granatapfelkerne, Anardana,** passen mit ihrem säuerlichen Aroma gut zu Gemüsegerichten. **11 – Kaffir-Limetten.** Wichtige säuernde Zutat für Curries, die gehackte Schale ist Bestandteil von Currypasten. **12 – Cashewnüsse** sind, wie andere gemahlene Nüsse auch, einmal aufgrund ihres milden Aromas, aber auch ihrer bindenden Eigenschaften wegen als Curryzutat geschätzt. **13 – Erdnüsse** in der Schale. **14 – Kemiri-Nüsse oder Candle nuts,** in der Schale. Sie verleihen Curries eine sämige Konsistenz, werden jedoch aufgrund ihres hohen Fettgehalts schnell ranzig. **15 – Macadamia-Nüsse,** guter Geschmack, ein Ersatz für Kemiri-Nüsse.

Tamarindenmark anrühren:

200 g frische Tamarinde ohne Schale in einer Schüssel mit 400 ml lauwarmem Wasser bedecken.

Alles 20 Minuten ziehen lassen, mit einem Holzstößel kräftig umrühren und weitere 10 Minuten ziehen lassen.

Das angerührte Tamarindenmark durch ein Sieb passieren. Es hält sich im Kühlschrank gut eine Woche lang.

Rempahs – Currypasten

Würzpasten auf Chilibasis – auf malaiisch »rempahs« – sind vor allem eine Spezialität der südostasiatischen Curry-Küchen, wie sie in Thailand, Indonesien, Malaysia und Singapur anzutreffen sind. Auch in Indien werden derartige, chilischarfe Würzpasten hergestellt, etwa die Kaschmir-Curry-Paste, wenngleich die indischen Köchinnen und Köche für ihre Curries häufig Würzpulver bevorzugen. Für europäische Gaumen genügt eine kleine Menge einer bestimmten Würzpaste, die Aroma, vor allem aber die gewünschte Schärfe ans Essen bringt. Die Würzpasten bestehen vornehmlich aus frischen Zutaten: Wurzeln wie Ingwer *(halia)*, Galgant *(lengkuas)* und Kurkuma *(kunyit)* auf der einen Seite, Schalotten *(bawang merah)*, Knoblauch *(puteh)* und Kräuter wie Zitronengras *(serai)* auf der anderen spielen dabei neben reichlich Chilies die Hauptrolle. Hergestellt werden die oft höllisch scharfen Pasten in der Regel frisch, man kann sie jedoch auch bereits fertig gemixt in Spezialgeschäften für asiatische Lebensmittel kaufen. Berühmt sind etwa die thailändischen Currypasten – es gibt sie in Gelb, Grün und Rot – von denen die gelbe die mildeste ist. »Very hot« dagegen ist die grüne, die ihre Farbe frischen, grünen Chilischoten verdankt und sich gut für Fisch-, Geflügel-, Rind- oder Schweinefleischcurries eignet. Die ebenfalls recht scharfe rote Currypaste hingegen verwendet man bevorzugt für Seafood, Geflügel oder Rind. Mildere Varianten kennt man in Zentralthailand, so etwa die »masaman paste«, die sowohl aus frischen als auch aus getrockneten Gewürzen besteht und damit eine Mischform zwischen der südostasiatischen und der indischen Curry-Tradition darstellt. Als weiterer würzender Bestandteil der

Chilischarfe Pasten – in Südostasien der Anfang aller Curries! Viele Familien haben hier ihre eigenen Rezepte, die sie von Generation zu Generation weitergeben. Traditionell auch die Art der Zubereitung: Wer genügend Zeit hat, stellt die erforderliche Paste frisch her – so schmeckt sie am besten – und nach alter Art, das heißt, die würzenden Zutaten werden im Mörser aus Granit oder auf einem Reibstein zerrieben. Schneller, aber darum nicht schlechter geht's allerdings im Mixer.

südostasiatischen Curries kommt oft noch Garnelenpaste hinzu. Hier sollte man von den vielen Sorten, die auf dem Markt sind, eine weiche und nicht die trockene »belacan« auswählen. Hat man alle Zutaten hergerichtet, so steht der Herstellung der Currypaste nichts mehr im Wege. Die unten angegebenen Rezepturen sind für ein Gericht ausgelegt. Wer weniger benötigt oder wer gleich die doppelte Menge zubereiten will, kann den Rest der Currypaste auch bis zu einer Woche – in einem gut verschlossenen Glas – im Kühlschrank aufbewahren.

ZUTATEN
Für die gelbe Currypaste:
12 getrocknete rote Chilischoten
60 g Schalotten
10 g Korianderwurzel
20 g Zitronengras (nur der untere, helle Teil)
1 EL Kreuzkümmel, gemahlen (8 g)
5 TL gemahlene Kurkuma (15 g)

GELBE CURRYPASTE

Die getrockneten Chilischoten in einer kleinen Schüssel mit lauwarmem Wasser bedecken und die Chilies 30 Minuten darin einweichen lassen. Herausnehmen und die Chilies abtropfen lassen. Die Schalotten schälen und kleinschneiden. Die Korianderwurzel putzen und fein hacken, das Zitronengras in Ringe schneiden. Chilies, Schalotten, Korianderwurzel und Zitronengras im Mörser oder Mixer zu einer glatten Paste verarbeiten. Diese in eine Schüssel umfüllen, den Kreuzkümmel und die Kurkuma gut untermischen.

ZUTATEN
Für die grüne Currypaste:
8 grüne Chilischoten
4 Knoblauchzehen
80 g Schalotten
20 g frische Galgantwurzel
30 g Zitronengras (nur der untere, helle Teil)
20 g Korianderwurzeln (2 Stück)
1 EL fein gehackte Kaffir-Limettenschale
1 TL Koriandersamen (3 g)
1 TL gemahlene Kurkuma (3 g)
1 TL Salz
1 TL Garnelenpaste (Kapi)

GRÜNE CURRYPASTE

Die grünen Chilischoten jeweils vom Stielansatz befreien und kleinschneiden. Die Knoblauchzehen sowie die Schalotten schälen und ebenfalls kleinschneiden. Die Galgantwurzel schälen und zusammen mit dem Zitronengras fein hacken. Die Korianderwurzeln putzen und ebenfalls hacken. Chilies, Knoblauch, Schalotten, Galgant, Zitronengras, Korianderwurzeln, Limettenschale, Koriandersamen, Kurkuma, das Salz sowie die Garnelenpaste im Mörser oder im Mixer zu einer glatten Paste verarbeiten.

ZUTATEN
Für die rote Currypaste:
8 getrocknete rote Chilischoten
20 g Zitronengras (nur der untere, helle Teil)
20 g frische Galgantwurzel
3 Knoblauchzehen
40 g rote thailändische Zwiebelchen
1 EL Koriandersamen (6 g)
1 TL Kümmel (3 g)
1 EL fein gehackte Kaffir-Limettenschale
1 TL Garnelenpaste (Kapi)

ROTE CURRYPASTE

Die getrockneten Chilischoten in einer kleinen Schüssel mit lauwarmem Wasser bedecken und 30 Minuten einweichen lassen. Das Zitronengras in dünne Ringe schneiden. Die Galgantwurzel schälen und fein hacken. Den Knoblauch und die roten Zwiebelchen schälen und kleinschneiden. Die eingeweichten Chilischoten herausnehmen und gut abtropfen lassen. Chilies, Zitronengras, Galgant, Knoblauch, Zwiebelchen, Koriandersamen, Kümmel, Limettenschale sowie die Garnelenpaste in einem Mörser oder im Mixer zu einer glatten Paste verarbeiten.

Currypulver - Masalas

ZUTATEN

Mildes Currypulver für Gemüse:
60 g Koriandersamen, 4 g schwarze Senfkörner, 1 g schwarze Pfefferkörner
60 g Kreuzkümmelsamen
1 grüne Kardamomkapsel
1 getrocknete rote Chilischote, ohne Stielansatz und Samen
18 g gemahlener Ingwer
10 g gemahlene Kurkuma

Scharfes Currypulver für Geflügel:
75 g Koriandersamen, 40 g Sternanis
55 g Kreuzkümmelsamen
20 g getrocknete rote Chilischoten, ohne Stielansätze und Samen
1/2 cm Zimtstange, 1 Gewürznelke
6 g schwarze Pfefferkörner
20 g gemahlene Kurkuma

Sehr scharfes Currypulver für Seafood:
75 g Koriandersamen
2 g Fenchelsamen
150 g getrocknete rote Chilischoten, ohne Stielansätze und Samen
30 g Kreuzkümmelsamen
5 g Bockshornkleesamen
15 g schwarze Pfefferkörner
8 g gemahlene Kurkuma

Scharfes Currypulver für Fleisch:
110 g Koriandersamen
60 g getrocknete rote Chilischoten, ohne Stielansätze und Samen
30 g Kreuzkümmelsamen
2 Gewürznelken, 2 cm Zimtstange
15 g schwarze Pfefferkörner
2 grüne Kardamomkapseln, 1 Kapsel Sternanis, 30 g Fenchelsamen
15 g gemahlene Kurkuma

Scharfes Madras-Currypulver:
25 g Koriandersamen, 2 g Piment
8 g Kreuzkümmelsamen
20 g Salz, 6 g schwarze Senfkörner
12 g schwarze Pfefferkörner
1 Döschen Safranfäden
5 g Chilipulver, 10 g gemahlene Kurkuma, 5 g gemahlener Ingwer

Als ein mehr oder weniger immer gleich schmeckendes, standardisiertes ockerfarbenes Pulver – so steht Currypulver in Europas Supermärkten meist in den Gewürzregalen. Ganz anders dagegen in Asia-Läden: Hier kann man selbst hierzulande mit einer geradezu verwirrenden Auswahl an unterschiedlichen Currypulvern konfrontiert werden. Das liegt daran, daß solche Mischungen, indisch »masala«, englisch »curry powder« genannt, in der Zusammensetzung der verwendeten Gewürze auf bestimmte Curry-Hauptzutaten, etwa Gemüse, Geflügel, Fisch und Meeresfrüchte oder Fleisch, abgestimmt sind. Wenn möglich, stellt man sich solche Mischungen in Indien oder Südostasien selbst zusammen und mahlt die Gewürze erst unmittelbar vor dem Kochen – zumal manche der Gewürze zuvor geröstet, andere zuerst in Öl angebraten werden müssen, bevor man sie zu den restlichen Zutaten gibt. Doch nicht immer ist Zeit und Gelegenheit zu solch einer doch zeit- und arbeitsaufwendigen Vorbereitung, und so sind fertige Mischungen auch auf indischen Gewürzmärkten erhältlich. Doch Vorsicht beim Einkauf: Selbst wenn solche Curry powders an verschiedenen Orten gleich heißen können, bedeutet das nicht, daß sie auch gleich schmecken. Über die »richtige« Zusammensetzung eines bestimmten Masalas können sich indische Köchinnen und Köche nämlich trefflich streiten; regionale Vorlieben und Traditionen spielen bei der Komposition eine große Rolle. Auch die Schärfegrade solcher Mischungen können von Ort zu Ort erheblich variieren. Die Rezepte auf dieser Seite bieten einen Querschnitt durch diese Würzvielfalt – von einem mild-würzigen Currypulver für Gemüsegerichte, wie man es in Indien mischt, bis hin zu einer geradezu höllisch scharfen Komposition für Fisch und Meeresfrüchte, die aus Sri Lanka stammt.

Stimmen die Verhältnisse? Ein indischer Gewürzmischer muß eine Nase für die Zusammenstellung seiner Masalas haben – und die sagt ihm dann genau, ob sie die Gewürze in den richtigen Mengen enthalten.

GARAM UND CHAT MASALA

Der Name »garam masala« spricht für sich: »garam« bedeutet »warm« beziehungsweise »erhitzen«. Es handelt sich also um eine Mischung, die nach indischem Verständnis Zutaten enthält, die den Körper erwärmen. Die verwendeten Gewürze und ihr Mengenverhältnis sind von Region zu Region unterschiedlich; oft besitzen indische Haushalte ihr spezielles Rezept, das von Generation zu Generation weitergegeben wird. Meist gehören schwarzer Pfeffer, Kardamom, Nelken, Kreuzkümmel, Muskatnuß und Zimt zu dieser hocharomatischen Mischung, die tatsächlich manchmal recht »hot« sein kann und die in

Zweimal Masala in ganz unterschiedlichen Geschmacksrichtungen: kräftig-würziges Garam masala (im Mörser) und das salzig-säuerliche Chat masala (im Schälchen).

Indien mit Vorliebe für Fleisch, fast nie jedoch für Fisch oder zarte Gemüsesorten verwendet wird. Deren zurückhaltenden Eigengeschmack würde die intensive Würzmischung nämlich übertönen. Garam masala kann bereits zu Beginn des Kochvorgangs zugegeben werden, verliert dann jedoch an Aroma. Deshalb fügt man es meist erst kurz vor Ende der Garzeit zu. Möchte man Garam masala nicht selbst zubereiten, findet man fertige Mischungen – gemahlen, aber auch ungemahlen – in asiatischen Lebensmittelläden oder gutsortierten Feinkostabteilungen. Auch Chat masala kann man hierzulande, mit etwas Glück, in indischen Lebensmittelgeschäften finden. Granatapfelkerne und ein aus unreifen, getrockneten Mangos hergestelltes Pulver, »amchur«, verleihen diesem Masala eine interessante säuerliche Note. Darüber hinaus enthält es Stein- oder Schwarzsalz, »kala namak«, das auch rosagefärbt angeboten und als pikante Ergänzung zum normalen Kochsalz genutzt wird. Beliebt ist Chat masala für Joghurtspeisen, ein wenig davon rundet aber, ganz zum Schluß eingestreut, auch manches Curry ab.

CURRYPULVER UND MASALAS SELBST ZUBEREITEN

Zwar ist die Zusammensetzung der Zutaten von »Curry powders«, die sich für Gemüse-, Geflügel-, Seafood- oder Fleischgerichte eignen, jeweils eine ganz andere. Die Zubereitung ist jedoch für alle grundsätzlich gleich: Gewürze, die im ganzen in der Zutatenliste angegeben sind, röstet man ohne Zugabe von Fett zunächst an, bis sie intensiv zu duften beginnen, und läßt sie dann abkühlen. Indische Gewürzhändler, die Masalas selbst herstellen, haben ein feines Gespür für Aromaveränderungen, denen Gewürze beim Erhitzen unterworfen sind. Darum rösten sie die einzelnen Gewürze separat an, so können sie das Ergebnis ganz genau steuern. Anschließend wird alles zerrieben und mit den bereits gemahlenen Zutaten vermischt. Alles, was nicht gleich verbraucht wird, kann man gut in fest schließenden Schraubgläsern an einem kühlen, dunklen Ort einige Zeit aufbewahren.

Möchte man Garam masala selbst zubereiten, röstet man die Gewürze zunächst in einem Wok oder einer Pfanne an (Bild oben). Dabei ständig rühren, damit nichts anbrennt. Während dieser Teil der Zubereitung nicht weiter schwierig ist, erfordert das traditionelle Zerstoßen der Gewürze im Granitmörser dagegen eine ganze Menge Kraft und Ausdauer.

Moderne Zeiten: Gewürze müssen nicht mehr unbedingt von Hand gemahlen werden. Ein elektrischer Mixer (hier ein Zusatzgerät für einen Pürierstab) spart Zeit und Arbeit und leistet ebenso gute Dienste.

ZUTATEN

Für Garam masala:
30 g Kreuzkümmelsamen
10 g Koriandersamen
10 g schwarze Pfefferkörner
3 g frisch geriebene Muskatnuß
10 grüne und 5 schwarze Kardamomkapseln, grob zerstoßen
8 Gewürznelken, 4 Kapseln Sternanis
4 Muskatblüten (Macis)
4 Zimtstangen von je etwa 5 cm Länge, 3 getrocknete Zimtblätter

Für Chat masala:
10 g Kreuzkümmelsamen
12 g schwarze Pfefferkörner
6 Gewürznelken, 1 g Ajowan
2 g Koriandersamen
4 getrocknete rote Chilischoten
1 TL getrocknete Minzeblättchen
10 g getrocknete Granatapfelkerne
1/4 TL gemahlener Asant, 10 g Salz
10 g Mangopulver (Amchur)
5 g gemahlener Ingwer
20 g schwarzes Steinsalz

Grundrezepte

Außer Currypasten und -mischungen gibt es noch andere Zutaten, die für so manches Curry zunächst zubereitet werden müssen – wenn man sie nicht als Fertigprodukte kaufen möchte. Zu den wichtigsten gehören Kokosmilch und Ghee, die geklärte Butter, die für die traditionelle indische Küche unabdingbar ist. Und für alle, die auch mal auf die Schnelle ein Curry zaubern möchten, folgt auf dieser Seite ein Rezept für eine Grundsauce, von der wenige Löffel für ein würziges Curry genügen und die sich gut auf Vorrat zubereiten läßt.

Anstrengende Handarbeit – nicht nur für diesen malaysischen Arbeiter – ist das Raspeln von frischem Kokosnußfleisch zur Herstellung von Kokosmilch. In der Küche kann man statt der Milch auch Kokoscreme verwenden, die dehydriert und zum Block gepreßt im Handel angeboten wird (rechts unten im Bild).

Kokosmilch herstellen:

Die harte Schale stückweise abbrechen. Falls nötig, etwas mit dem Hammer nachhelfen, um die Schale vom Fruchtfleisch zu lösen.

Mit einem Kartoffelschäler die braune Haut vom Fruchtfleisch entfernen und dieses kurz unter fließendem Wasser waschen.

Das Fruchtfleisch mit einer feinen Reibe in das Gefäß mit dem Kokoswasser reiben oder fein würfeln und im Mixer pürieren.

Die Flüssigkeit zum Kochen bringen, Kokosfleisch damit übergießen und kurz aufkochen. 2 bis 3 Stunden ziehen lassen.

Eine Schüssel mit einem Passiertuch auslegen. Je 2 Schöpflöffel der Mischung hineinfüllen, und darin möglichst gut ausdrücken.

KOKOSMILCH

Als Richtwerte für die Mengen: Eine Kokosnuß von 500 g Gewicht ergibt etwa 200 bis 250 g Fruchtfleisch. Möchte man daraus Kokosmilch mittlerer Konsistenz herstellen, braucht man außerdem etwa 1/4 l Flüssigkeit. Das kann Wasser oder Milch sein – Wasser empfiehlt sich, wenn man damit Curries zubereiten oder Reis kochen möchte, Milch dagegen, wenn man sie für Süßspeisen verwenden möchte. Doch kann man die Flüssigkeitsmenge selbstverständlich auch variieren, je nachdem, wie dickflüssig und wie intensiv im Aroma die Kokosmilch letztlich sein soll. Um die Kokosnuß zu öffnen, schlägt man zunächst 2 der 3 »Augen« mit einem spitzen Gegenstand auf und fängt das Kokoswasser in einer Schüssel auf. Dann beklopft man die Nuß rundum mit einem Hammer, um das Fruchtfleisch zu lockern, und sprengt die harte Schale durch einige Schläge mit dem Hammer, oder man zersägt sie. Danach weiterverfahren, wie in der Bildfolge links gezeigt.

GHEE

Zur Herstellung zerläßt man ungesalzene Butter in einem Topf und läßt sie bei reduzierter Hitze köcheln, bis sich die gebräunten, festen Bestandteile am Boden abgesetzt haben; das dauert etwa 45 bis 50 Minuten. Zum Klären legt man ein Sieb mit einem Passiertuch aus und seiht das Fett durch. In Gläser gefüllt, läßt sich Ghee etwa 6 Monate im Kühlschrank aufbewahren. Ersatzweise kann man statt Ghee auch Butterschmalz verwenden.

CURRY-GRUNDSAUCE

Die Zwiebeln, den Ingwer und den Knoblauch schälen, die Zwiebeln fein würfeln, den Ingwer und den Knoblauch fein hacken. Chilischoten halbieren, Stielansätze, Samen sowie Scheidewände entfernen und das Fruchtfleisch in feine Streifen schneiden.

Die Tomaten von den Stielansätzen befreien, vierteln, in einen Mixer füllen und fein pürieren. Das Tomatenpüree durch ein feines Sieb streichen; es sollen sich 450 ml ergeben. Das Pflanzenöl in einem Wok oder in einer entsprechend großen Pfanne erhitzen und weiterverfahren, wie es in der Bildfolge rechts gezeigt wird.

Die Gewürzmischung nach Ende der Garzeit im Mixer fein pürieren. Danach direkt weiterverwenden oder für die Vorratshaltung vorbereiten: dazu heiß in dicht verschließbare Gläser füllen (siehe Bild oben) und im Kühlschrank aufbewahren (sie hält sich dort 1 bis 2 Wochen) oder, noch besser, abkühlen lassen und portionsweise verpackt einfrieren. Bei Bedarf wird die Sauce einfach erwärmt und nach Belieben mit etwas Wasser aufgegossen. Sie eignet sich für Fisch wie für Geflügel und Fleisch gleichermaßen gut; die Menge reicht für 3 bis 4 Currygerichte.

Curry-Grundsauce zubereiten:

Die Zwiebelwürfel in den Wok oder die Pfanne geben und unter Rühren mittelbraun anbraten.

Ingwer, Knoblauchwürfel sowie Chilistreifen zufügen und 5 Minuten unter Rühren mitbraten.

Den gemahlenen Koriander zufügen und unter ständigem Rühren 3 bis 4 Minuten mitbraten.

Kreuzkümmel, Kurkuma und Garam masala untermischen. 1 weitere Minute unter Rühren mitbraten.

Das Tomatenpüree und die gehackten Korianderblättchen zufügen, alles gründlich vermischen.

1/2 l Wasser angießen, die Hitze reduzieren und die Sauce 20 Minuten köcheln lassen. Salzen.

ZUTATEN

800 g Zwiebeln
25 g frische Ingwerwurzel
5 Knoblauchzehen
4 rote Chilischoten
600 g Tomaten
40 ml Pflanzenöl
4 TL gemahlener Koriander (10 g)
1 TL gemahlener Kreuzkümmel (2 g)
1 TL gemahlene Kurkuma (2 g)
1/2 TL Garam masala (1 g)
15 g Korianderblättchen, gehackt
1 TL Salz

Curries mit

Gemüse

Die vegetarischen – meist religiös bedingten – kulinarischen Traditionen des riesigen indischen Subkontinents zeigen seit Jahrhunderten, was auch die Rezepte dieses Kapitels eindrücklich beweisen: Aus nahezu jedem Gemüse lassen sich vorzügliche Curries zaubern – ganz gleich, ob man zu alltäglichen Sorten greift, wie es etwa getrocknete Hülsenfrüchte, Kartoffeln oder Blumenkohl sind, oder zu hierzulande noch exotischen, wie Okraschoten, Wasserspinat oder gar Knollenziest.

Und dabei muß es, anders als in Indien, keineswegs immer rein vegetarisch zugehen – so werden hier mal Fleischklößchen als perfekt abgestimmte Einlage für ein Gemüsecurry vorgeschlagen, mal stellt Eckart Witzigmann ein raffiniertes Curry von mit Lammfleisch gefüllten Paprikaschoten vor.

Drei Curry-Zubereitungen für Bohnen und Linsen · Vielfältig einsetzbar – sei es als Basis für vegetarische Gerichte oder als Beilagen

Dreierlei Curries mit Hülsenfrüchten

ZUTATEN
Für das Curry mit Urd-Bohnen:
1 rote Chilischote
10 g frische Ingwerwurzel
80 g Zwiebeln
200 g Urd-Bohnen (Urid dal), geschält, 1 TL Salz (6 g)
1/2 TL gemahlene Kurkuma (2 g)
4 EL Ghee
1/2 TL gemahlener Kreuzkümmel
1/2 TL gemahlener Koriander

Hülsenfrüchte, auf Hindi »dal« genannt, spielen als preiswerte Proteinlieferanten eine wichtige Rolle in den Küchen Indiens.

MIT URD-BOHNEN

Die Chilischote halbieren, Stielansatz, Samen und Scheidewände entfernen und das Fruchtfleisch in feine Streifen schneiden. Ingwer sowie Zwiebeln schälen und fein hacken.

Die Bohnen in ein Sieb schütten, unter fließendem kaltem Wasser waschen, bis das ablaufende Wasser klar bleibt, und in einen Topf füllen. Weiterverfahren, wie unten gezeigt.

3/4 l Wasser zugießen, mit Salz, Kurkuma, der Hälfte der Chilistreifen zum Kochen bringen. 15 Minuten unter gelegentlichem Rühren köcheln lassen.

Ghee zerlassen, restliche Chilistreifen, Ingwer und Zwiebeln unter Rühren 3 bis 4 Minuten braten. Kreuzkümmel und Koriander noch 2 Minuten mitbraten.

Anschließend die Zwiebel-Gewürz-Mischung unter die Urd-Bohnen rühren und das Curry bei mittlerer Hitze noch weitere 10 Minuten köcheln lassen.

Nach Ende der Garzeit sollten die Urd-Bohnen zwar recht weich sein, aber noch nicht zerfallen. So gegart, können sie zu vielen Gelegenheiten gereicht werden.

ZUTATEN
Für das Curry mit Mungbohnen:
200 g halbierte gelbe Mungbohnen (Moong dal)
1 grüne Chilischote
80 g Zwiebeln
2 Knoblauchzehen
200 g Tomaten
etwa 3/4 l Geflügelfond oder Wasser
1/2 TL gemahlene Kurkuma
1 TL Salz
1/2 TL gemahlener Kreuzkümmel
1 kleiner Zweig frische Curryblätter

MIT MUNGBOHNEN

Die gelben Mungbohnen in ein Sieb schütten und unter fließendem kaltem Wasser waschen, bis das ablaufende Wasser klar bleibt.

Die Chilischote halbieren, Stielansatz, Samen und Scheidewände entfernen. Zwiebeln und Knoblauch schälen und fein hacken.

Die Tomaten blanchieren, häuten, halbieren, von Samen und Scheidewänden befreien und das Fruchtfleisch fein würfeln.

In einem entsprechend großen Topf den Geflügelfond oder das Wasser mit Mungbohnen, Kurkuma, Salz, Zwiebeln und Knoblauch, 2/3 der Tomatenwürfel, Chilihälften und Kreuzkümmel zum Kochen bringen. Die Curryblätter einlegen und die Bohnen unter gelegentlichem Rühren in 35 Minuten weichkochen. Abschmecken. Das fertige Gericht sollte eine cremige Konsistenz haben, daher bei Bedarf noch etwas Fond angießen. Auf Teller verteilen, mit den restlichen Tomatenwürfeln garnieren und servieren.

MIT ROTEN LINSEN

Die roten Linsen in ein Sieb schütten und unter fließendem kaltem Wasser waschen, bis das ablaufende Wasser klar bleibt.

Die Zwiebel und den Knoblauch schälen und fein hacken. Die Chilischote halbieren, Stielansatz, Samen und Scheidewände entfernen und das Fruchtfleisch in feine Ringe schneiden. Den Kürbis schälen, die Kerne und das faserige Innere entfernen und das Fruchtfleisch 4 mm groß würfeln.

Die Tomaten blanchieren, häuten, halbieren, von Samen sowie Scheidewänden befreien und das Fruchtfleisch fein würfeln.

3/4 l Wasser in einem Topf erhitzen, die Zwiebel, den Knoblauch, die Chili, den Kürbis, den Koriander sowie den Kreuzkümmel zugeben und 10 Minuten bei reduzierter Hitze köcheln lassen.

Die roten Linsen, die Tomaten, Salz, Garam masala sowie den Limettensaft zufügen und alles weitere 10 bis 12 Minuten köcheln lassen. Abschmecken und bei Bedarf noch etwas Wasser zufügen. Die Linsen auf Tellern anrichten, mit Koriandergrün garnieren und servieren.

ZUTATEN

Für das Curry mit roten Linsen:
200 g rote Linsen (Masoor dal)
60 g Zwiebel
2 Knoblauchzehen
1 rote Chilischote
250 g Kürbis (etwa Hokkaido)
200 g gelbe Flaschentomaten
1/2 TL gemahlener Koriander
1/2 TL gemahlener Kreuzkümmel
Salz, 1/4 TL Garam masala
Saft von 1/2 Kaffir-Limette
Außerdem:
Koriandergrün zum Garnieren

Fast schon Suppen. Die Curries mit gelben Mungbohnen, im Bildhintergrund zu sehen, und mit roten Linsen, im Vordergrund, sind in Indien Alltagsgerichte – und zwar sehr schmackhafte.

Einfach in der Zubereitung · Rein vegetarisch · Das Kartoffelcurry ist im Handumdrehen gekocht, die Hülsenfrüchte müssen dagegen über Nacht eingeweicht werden

Kichererbsen & Kartoffeln

Wer das Kichererbsencurry nicht ganz so bißfest mag, kann die angegebene Garzeit nach Wunsch verlängern.

ZUTATEN

Für das Kichererbsencurry:
250 g Kichererbsen, 400 g Zwiebeln
2 schwarze Kardamomkapseln
6 Gewürznelken, 2 Lorbeerblätter
1/2 TL schwarze Pfefferkörner
1 TL Kreuzkümmelsamen (2 g)
1 TL Salz (8 g), 1 Prise Asant
2 Knoblauchzehen
15 g frische Ingwerwurzel
400 g Tomaten
8 EL Pflanzenöl
1 TL gemahlene Kurkuma (4 g)
1/2 TL Garam masala (2 g)
1/2 TL gemahlener Koriander (2 g)
1/2 TL gemahlener schwarzer Pfeffer (1 g)
1 TL Amchur (2 g)
Außerdem:
gehackte Minze nach Belieben

Beide Curries kann man als Hauptbestandteil einer Mahlzeit reichen, begleitet etwa von indischem Fladenbrot oder »Papads«, den hauchdünnen Fladen aus Linsenmehl. Ob man neutrale oder gewürzte wählt, bleibt ganz dem persönlichen Geschmack überlassen. Vor dem Servieren sollte man sie jedoch auf jeden Fall etwa 1 Minute im auf 200 °C vorgeheizten Ofen aufbacken. Das Curry mit Kichererbsen wie das mit Kartoffeln (ohne Abbildung) empfehlen sich aber auch als Beilage, etwa zu anderen Curries, zu gebratenem Fleisch oder Geflügel.

Würzig duftet's, wenn für das Kichererbsencurry zunächst die gewürfelten Zwiebeln, später das Püree mit noch mehr Zwiebeln, Knoblauch und Galgant angebraten werden. Dann werden die Gewürze eingestreut und das Tomatenpüree untergerührt.

KICHERERBSENCURRY

Die Kichererbsen in einer entsprechend großen Schüssel mit 1 1/2 l Wasser übergießen und über Nacht einweichen.

Am nächsten Tag 100 g Zwiebeln schälen und fein würfeln. Die Kichererbsen mitsamt der Einweichflüssigkeit, den gewürfelten Zwiebeln, dem Kardamom, den Nelken, den Lorbeerblättern, den Pfefferkörnern, dem Kreuzkümmel, dem Salz sowie dem Asant in einen Topf füllen, zum Kochen bringen und bei reduzierter Hitze 45 Minuten köcheln lassen. Falls gewünscht, nach Ende der Garzeit die Kardamomkapseln entfernen.

Die restlichen Zwiebeln sowie Knoblauch und Ingwer schälen. Knoblauch und Ingwer kleinschneiden. 100 g Zwiebeln fein würfeln, die übrigen 200 g mit den Knoblauch- und den Ingwerstückchen im Mixer zu einer glatten Paste verarbeiten.

Die Tomaten blanchieren, häuten, halbieren, die Stielansätze und Samen entfernen. Das Fruchtfleisch im Mixer pürieren.

Das Öl in einem Wok erhitzen und die gewürfelten Zwiebeln darin in etwa 5 Minuten hellbraun braten. Das Zwiebel-Knoblauch-Ingwer-Püree zufügen und 10 Minuten unter Rühren mitbraten.

Die Kurkuma, das Garam masala, den Koriander, den Pfeffer und Amchur einstreuen und 1 Minute braten. Das Tomatenpüree unterrühren und 3 bis 4 Minuten bei mittlerer Hitze mitbraten.

Die Kichererbsen mitsamt der Garflüssigkeit in den Wok schütten und das Curry bei mittlerer Hitze 15 bis 20 Minuten garen. Abschmekken und nach Belieben mit Minze garnieren.

KARTOFFELCURRY

Die Kartoffeln waschen, in einem Topf mit Wasser bedecken und zum Kochen bringen. Die Hitze reduzieren und die Kartoffeln etwa 15 Minuten vorgaren.

Abgießen, abkühlen lassen, pellen und in etwa 2 cm große Würfel schneiden. Die Erbsen auspalen. Die Zwiebeln schälen und in Ringe schneiden. Das Öl in einem Topf erhitzen und die Senfkörner (Sareptasenf) darin braten, bis sie platzen. Die Zwiebelringe zufügen und hellbraun anbraten.

Die Kartoffeln, die Erbsen, die Kurkuma, den Koriander, den Kreuzkümmel sowie das Chilipulver zufügen und salzen. Alle Zutaten gut miteinander mischen. Die Kokosmilch und 100 ml Wasser angießen, umrühren.

Den Topf zudecken und das Curry bei schwacher Hitze etwa 10 Minuten schmoren. Das Kartoffelcurry in einer Schüssel anrichten, mit Kokosraspel bestreuen und servieren.

ZUTATEN

Für das Kartoffelcurry:
1 kg festkochende Kartoffeln
300 g Erbsen in der Schote
250 g Zwiebeln, 3 EL Öl
1/2 TL indische Senfkörner
1/2 TL gemahlene Kurkuma
2 TL gemahlene Koriandersamen
1 TL gemahlener Kreuzkümmel
1/2 TL Chilipulver, Salz
150 ml Kokosmilch
Außerdem:
2 bis 3 EL geraspeltes Kokosfleisch

ZUBEREITUNG

Die Kichererbsen über Nacht in kaltem Wasser einweichen. Am nächsten Tag abgießen und gründlich abspülen. Zwiebeln und Knoblauch schälen. Die Zwiebeln in grobe Würfel schneiden, den Knoblauch fein hacken. Den Galgant und die Süßkartoffeln schälen, letztere in 1,5 cm große Stücke schneiden.

Das Öl erhitzen, Zwiebeln und Knoblauch darin anschwitzen. Die Currypaste sowie das Tomatenmark unter Rühren kurz mitschwitzen. Die Kichererbsen und den Galgant zufügen und die Sojasauce einrühren. Die Süßkartoffeln zufügen und angehen lassen.

Mit der Kokosmilch aufgießen und alles einige Minuten köcheln lassen. Den Fond zugießen, die Curryblätter einlegen, leicht pfeffern und salzen. Alles zum Kochen bringen und bei reduzierter Hitze insgesamt 50 bis 55 Minuten köcheln lassen.

Inzwischen die Okraschoten am Stielansatz wie einen Bleistift spitz zuschneiden. So ist garantiert, daß die Früchte unverletzt bleiben und die im Innern enthaltene Flüssigkeit nicht auslaufen kann. Die Schoten bis zur weiteren Verwendung in mit Zitronensaft versetztes Wasser legen – dadurch platzen sie später beim Kochen nicht auf.

Den Knollenziest unter fließendem kaltem Wasser gründlich abbürsten, Wurzel- und Stengelansatz abschneiden. Die abgetropften Okras und die Ziestknollen nach 40 Minuten Garzeit unter die Kichererbsen rühren, mit Salz und Pfeffer abschmecken.

Das Erdnußöl erhitzen. Die Papadams darin nacheinander kurz fritieren, herausnehmen und auf Küchenpapier abtropfen lassen. Den Joghurt glattrühren. Das Curry mit den Papadams auf Tellern anrichten, mit Joghurt beträufeln, mit Zwiebelsamen bestreuen und mit Minze garniert servieren.

ZUTATEN

250 g Kichererbsen
100 g rote Zwiebeln
2 Knoblauchzehen
40 g frische Galgantwurzel
400 g Süßkartoffeln
2 EL Kokosöl, 1 TL gelbe Currypaste
1 EL Tomatenmark
4 EL helle Sojasauce
100 ml Kokosmilch
1,2 l Geflügel- oder Gemüsefond
7 frische Curryblätter
frisch gemahlener schwarzer Pfeffer
Salz, 300 g Okraschoten
200 g Knollenziest
Außerdem:
1 EL Zitronensaft
1/2 l Erdnußöl zum Fritieren
8 Papadams
150 g Joghurt (3,5 % Fett)
1 TL Zwiebelsamen
Pfefferminze zum Garnieren

Rein vegetarisch, mit Hülsenfrüchten und frischem Gemüse · Gelbe Currypaste sorgt für Würze · Dazu reicht Eckart Witzigmann knusprig fritierte Fladen aus Linsenmehl

Gemüsecurry mit Papadams

Knollenziest, auch Ziestknollen, Japanische Kartoffeln oder Chinesische Artischocken genannt, ist nur für sehr kurze Zeit, wenn überhaupt, bei uns auf dem Markt. Sollte man die Knollen entdecken, heißt es zugreifen und dieses Curry damit ausprobieren – sie geben ihm mit ihrem feinen, entfernt an Artischocken erinnernden Geschmack eine besondere Note. Sind Ziestknollen, die im ganzen mitsamt der Schale verwendet werden, nicht erhältlich, kann man auf andere stärkehaltige Knollen, etwa Taro oder Coco Yam, ausweichen. Diese müssen dann allerdings vor der Verwendung geschält und in etwa 2 cm große Würfel geschnitten werden.

Diese Spezialität aus Thailand wird in gewürzter Kokosmilch gegart · Ist das Gemüse einmal vorbereitet, dauert die Zubereitung nicht mehr lange · Reis ist die ideale Beilage dazu

Gemüsecurry aus dem Wok

Flügel- und Spargelbohnen, Lotuswurzeln und Reisstrohpilze: So manches Gemüse für dieses Curry mutet schon recht exotisch an. Bekommt man nicht alle Sorten, so kann man sie durch anderes Gemüse, ganz nach eigenem Geschmack, ersetzen.

ZUBEREITUNG

Frische Reisstrohpilze putzen und die Pilze – ob frisch oder aus der Dose – halbieren. Die Spargelbohnen putzen, in 15 cm lange Stücke schneiden und jedes Stück zu einem lockeren Knoten schlingen.

Vom Spargel die Enden abschneiden, die grünen Bohnen putzen und beide Gemüsesorten in etwa 3 cm lange Stücke schneiden. Die Frühlingszwiebeln putzen und längs halbieren. Die Zuckerschoten putzen. Die Flügelbohnen auspalen und die Hülsen in Stücke schneiden. Die Chilischoten vom Stielansatz befreien und schräg in Streifen schneiden.

Lotuswurzel schälen und in Scheiben schneiden. Kartoffeln, Möhren sowie Tarowurzel schälen und in Stifte schneiden. Kartoffel-, Möhren-, Taro- und Lotuswurzelstücke jeweils in Salzwasser 3 Minuten blanchieren, herausnehmen, abtropfen lassen. Den Reis in ausreichend Wasser 12 bis 15 Minuten garen.

Inzwischen die Kokosmilch in einem Wok zum Kochen bringen, die grüne Currypaste einrühren und 1 bis 2 Minuten mitköcheln lassen. Die halbierten Pilze und die vorbereiteten Gemüsesorten einrühren, wie in den ersten drei Bildern der Folge rechts gezeigt, und kurz mitköcheln lassen.

Die roten Chilistreifen untermischen und das Gericht mit Sojasauce und Zucker würzen. Die Kaffir-Limettenblätter einlegen und das Gemüsecurry weitere 10 bis 12 Minuten köcheln lassen. Zum Schluß das Thai-Basilikum untermischen. Das Gemüsecurry auf dem Reis anrichten.

ZUTATEN

50 g Reisstrohpilze, frisch oder aus der Dose
100 g Spargelbohnen
100 g grüner Spargel
120 g grüne Bohnen
60 g Frühlingszwiebeln (nur der weiße Teil mit etwas Grün)
60 g Zuckerschoten
40 g Goabohnen (Flügelbohnen)
2 rote Chilischoten
100 g Lotuswurzel, 160 g Kartoffeln
100 g Möhren, 160 g Tarowurzel
Salz, 1 l Kokosmilch
4 EL grüne Currypaste
6 EL helle Sojasauce, 1 Prise Zucker
2 Kaffir-Limettenblätter
1 Handvoll Thai-Basilikum, ganz oder gehackt
Außerdem:
200 g thailändischer Langkornreis

Schlag auf Schlag wandert eine Gemüsesorte nach der anderen in die heiße Kokosmilch: Zuerst die Pilze, dann folgen Lotuswurzeln, Bohnenkerne, Möhren, Kartoffeln und Taro, gefolgt von Frühlingszwiebeln, Zuckerschoten und Spargelbohnen. Thai-Basilikum rundet das scharfe Curry ab, das auf Reis serviert wird.

Scharf und vegetarisch · Runde asiatische Auberginen werden hier mit Zwiebeln, Kokosnuß und Gewürzen im ganzen geschmort · Tamarinde sorgt für die leicht säuerliche Note

Auberginencurry

ZUTATEN
40 g Tamarinde
120 ml heißes Wasser
3 rote Chilischoten
120 g frisch geriebene Kokosnuß
1 TL Koriandersamen
1/2 TL Kreuzkümmel
100 g Kokoswasser
2 Knoblauchzehen
8 g frische Ingwerwurzel
250 g Zwiebeln
5 g frische Kurkumawurzel
4 EL Erdnußöl
1/4 TL braune Senfkörner
6 Curryblätter
600 g kleine runde asiatische Auberginen (gelb und grün), Salz
Außerdem:
Koriandergrün zum Garnieren

Die Tamarinde in einer Schüssel mit dem heißen Wasser übergießen und 25 bis 30 Minuten darin ziehen lassen. Durch ein Sieb gießen, dabei die Tamarinde gut ausdrücken. Das Tamarindenwasser auffangen und bis zur weiteren Verwendung beiseite stellen.

Die Chilischoten halbieren, Stielansätze, Samen und Scheidewände entfernen. Eine Pfanne heiß werden lassen, die Kokosnußraspel darin ohne Zugabe von Fett 4 bis 5 Minuten unter Rühren rösten. Die Chilihälften, den Koriandersamen sowie den Kreuzkümmel in die Pfanne einlegen und noch 1 bis 2 Minuten mit dem Kokosfleisch rösten.

Die Mischung in einen Mixer umfüllen und das Kokoswasser zugießen. Alles zu einer feinen Paste pürieren.

Den Knoblauch, den Ingwer sowie die Zwiebeln schälen und alles in feine Würfel schneiden. Die Kurkuma schälen und fein reiben. Das Öl in einem Topf erhitzen und die Senfkörner darin 1 bis 2 Minuten braten. Knoblauch, Ingwer sowie die Curryblätter 1 weitere Minute mitbraten. Die geriebene Kurkuma und die Zwiebeln zufügen, alles bei mittlerer Hitze unter Rühren 20 Minuten braten. Die Kokos-Würzpaste einrühren und 15 Minuten mitschwitzen, dabei immer wieder umrühren, damit die Gewürze nicht am Topfboden ansetzen. 400 ml Wasser angießen und alles noch 15 Minuten köcheln lassen.

Inzwischen die Auberginen von den Stielansätzen befreien, an der Unterseite kreuzweise einschneiden und für 10 Minuten in Salzwasser legen.

Die Auberginen aus dem Salzwasser nehmen und etwas abtropfen lassen. In die Currymischung einlegen, das Tamarindenwasser zugießen und alles zugedeckt bei nicht zu starker Hitze 15 bis 20 Minuten weiterköcheln lassen. Das Auberginencurry nach Belieben salzen, auf Tellern anrichten und mit Koriandergrün garniert servieren.

Kleine runde Auberginen, scharfe Chilies, aromatische Curryblätter, goldgelb färbende Kurkuma und würziger Galgant werden aus diesem malerischen Arrangement asiatischer Zutaten für das pikante Auberginencurry benötigt, das in seiner südindischen Heimat traditionell in Töpfen aus Ton gekocht wird.

Etwas aufwendiger, aber raffiniert · Die Sauce wie die Lammfleischfüllung der Schoten erhalten durch Rosinen einen interessanten süßlichen Touch

Curry von gefüllten Paprikaschoten

ZUTATEN

12 Spitzpaprikaschoten (rot, gelb oder grün)
Für die Füllung:
15 g Rosinen
50 g Langkornreis, Salz
375 g Lammschulter ohne Knochen
1/2 TL Kreuzkümmel
1/2 TL Bockshornkleesamen
1/2 TL Koriandersamen
1/2 TL Fenchelsamen
50 g Schalotten, 2 Knoblauchzehen
2 EL Erdnußöl
1/2 TL gemahlene Kurkuma
35 g frisch geriebene Kokosnuß
25 g geröstete Mandelblättchen
1/2 TL gemahlener Zimt
25 g Weißbrot, 50 ml Milch
1 Ei, 1 Eigelb
Salz, frisch gemahlener Pfeffer
Für die Sauce:
550 g Zwiebeln, 2 Knoblauchzehen
2 EL Erdnußöl, 1 EL Ghee
1 Prise Zucker, Salz
frisch gemahlener Pfeffer
20 g Rosinen
10 grüne Kardamomkapseln
5 g Zimtrinde
1 TL Garam masala
200 ml Kokoswasser
1 Dose geschälte Tomaten (Abtropfgewicht 480 g)
1/4 l Geflügelfond
1 bis 2 EL helle Sojasauce

Eigentlich hat Eckart Witzigmann mit diesem Rezept ein »Curry im Curry« kreiert: Für die Fleischfüllung werden typische Currygewürze zunächst im Mörser zerstoßen und mit Kokosfleisch geröstet. Und dann schmoren die gefüllten Schoten in einer pikanten Currysauce mit Tomaten und Kokoswasser sowie Zwiebeln, die das Ganze schön sämig machen.

ZUBEREITUNG

Die Paprikaschoten an einer Seite mit einem Messer der Länge nach aufschlitzen, Stielansatz und Spitze dabei jeweils nicht durchtrennen. Scheidewände und Samen entfernen, dabei darauf achten, daß das Fruchtfleisch nicht verletzt wird. Die Schoten waschen und mit der Öffnung nach unten abtropfen lassen.

Für die Füllung die Rosinen in Wasser einweichen. Den Reis in Salzwasser 10 Minuten kochen, abseihen und auskühlen lassen. Das Lammfleisch zweimal durch die grobe Scheibe des Fleischwolfs drehen und dann in eine Schüssel füllen.

In einem Mörser Kreuzkümmel, Bockshornklee, Koriander und Fenchel zu einem feinen Pulver zerreiben. Die Schalotten und den Knoblauch schälen und sehr fein hacken.

Das Öl in einer Pfanne erhitzen, Schalotten und Knoblauch darin hell anschwitzen. Das Pulver aus dem Mörser und die Kurkuma kurz mitschwitzen. Die Rosinen abtropfen lassen, mit der geriebenen Kokosnuß und den Mandelblättchen zufügen und unter Rühren kurz mitbraten. Die Masse auskühlen lassen und mit dem Zimt würzen.

Das Weißbrot in der Milch einweichen. Die ausgekühlte Rosinen-Gewürz-Mischung, den gekochten Reis, das eingeweichte Weißbrot, Ei und Eigelb gut mit dem Lammfleisch vermengen, salzen und pfeffern. Die Mischung in die vorbereiteten Paprikaschoten füllen.

Für die Sauce die Zwiebeln und den Knoblauch schälen und in feine Ringe beziehungsweise Stifte schneiden. Öl und Ghee in einem entsprechend großen Topf erhitzen, Zwiebeln und Knoblauch unter Rühren darin glasig dünsten. Mit Zucker bestreuen, leicht salzen und pfeffern. Die Rosinen zufügen und die gefüllten Paprikaschoten einlegen.

Kardamom, Zimt und Garam masala zufügen und mit dem Kokoswasser ablöschen. Alles einige Minuten köcheln lassen. Die Tomaten kleinschneiden, zusammen mit dem Saft aus der Dose und dem Geflügelfond zu den Paprikaschoten gießen; diese sollten knapp bedeckt sein. Den Topf zudecken und die gefüllten Paprikaschoten in der Sauce im vorgeheizten Ofen bei 190 °C etwa 45 Minuten garen, die Schoten dabei mehrfach wenden.

Den Topf aus dem Ofen nehmen, die Sauce mit Sojasauce würzen und mit Salz sowie Pfeffer abschmecken. Die Paprikaschoten auf Tellern anrichten und jeweils mit etwas Sauce begießen. Mit den gerösteten Mandelblättchen sowie der geriebenen Kokosnuß bestreuen und servieren.

Außerdem:
25 g geröstete Mandelblättchen
25 g frisch geriebene Kokosnuß

▼ **Spitzpaprika mit seinen dünnen Wänden** muß beim Füllen vorsichtig behandelt werden. Zwiebeln, Gewürze und Rosinen schwitzt Eckart Witzigmann dann separat an, bevor er die Schoten einlegt, mit gehackten Tomaten und Fond aufgießt und alles im Ofen fertigschmort.

ZUTATEN

Für das Curry mit Tomaten, Wasserspinat und Fleischklößchen:
3 EL Pflanzenöl
1/2 TL Kreuzkümmel
1/2 TL Koriandersamen
1 schwarze Kardamomkapsel
2 Gewürznelken
1 Stück Zimtrinde (etwa 3 cm)
1 Lorbeerblatt
150 g weiße Zwiebeln, in feine Streifen geschnitten
2 Knoblauchzehen, fein gehackt
10 g frische Ingwerwurzel, geschält und fein gehackt
Fruchtfleisch von 1 roten Chilischote, fein gehackt
20 g Tomatenmark
300 g Tomatenfruchtfleisch
Salz, 150 g Coco Yam, fein gewürfelt
200 g Wasserspinat, ersatzweise Winterspinat

Für die Fleischbällchen:
1/4 TL schwarzer Kreuzkümmel
1/4 TL Ajowan
200 g Hackfleisch vom Schwein
30 g rote Frühlingszwiebeln, fein gehackt
1 Knoblauchzehe, fein gehackt
5 g frische Ingwerwurzel, geschält und fein gehackt
Fruchtfleisch von 1/2 roten Chilischote, 1 Eigelb
1/2 TL edelsüßes Paprikapulver
1 EL Chinese chive, in Röllchen geschnitten
Salz, frisch gemahlener Pfeffer

Mal rein vegetarisch, mal mit Fleischklößchen zum Gemüse · Beide Gerichte bieten eine überraschende Kombination exotischer Gemüsesorten in pikanter Tomatensauce

Zweimal Curry mit Gemüse

Die kleinen grünen »Pea aubergines« mit dem botanischen Namen *solanum torvum* für das zweite Curry sind eigentlich keine Auberginen, schmecken aber ebenfalls leicht bitter.

CURRY MIT TOMATEN, WASSERSPINAT UND FLEISCHKLÖSSCHEN

Für die Fleischbällchen den Kreuzkümmel sowie den Ajowan im Mörser fein zerreiben. Das Hackfleisch in einer Schüssel gründlich mit Frühlingszwiebeln, Knoblauch, Ingwer, Chili, dem Eigelb sowie mit allen weiteren Gewürzen vermengen und aus dem Fleischteig kleine Kugeln von etwa 10 g formen.

Das Öl in einem Wok erhitzen, Kreuzkümmel, Koriander, Kardamom, Nelken, Zimt sowie Lorbeer zufügen, unter Rühren 1 Minute anbraten, herausnehmen. Zwiebeln, Knoblauch, Ingwer und Chili in den Wok geben, unter Rühren 5 Minuten braten. Das Tomatenmark einrühren und kurz mitbraten. Die gebratenen Gewürze wieder unterrühren. 2/3 des Tomatenfruchtfleischs unter die Zutaten im Wok mischen. 400 ml Wasser angießen, salzen und 10 Minuten köcheln lassen. Die Coco Yam ebenfalls untermischen. Nach 5 weiteren Minuten die Fleischbällchen zufügen und 5 Minuten mitköcheln lassen.

Wasserspinat waschen, von groben Stielen befreien. Dünne Stiele in etwa 3 cm lange Stücke schneiden und 3 Minuten mitgaren; vom Winterspinat nur die Blätter verwenden. Die Blätter je nach Größe ganz lassen oder halbieren, mit den restlichen Tomaten unter das Curry rühren und noch 5 Minuten mitgaren. Bei Bedarf etwas Wasser angießen. Das Gemüsecurry abschmecken und servieren.

CURRY MIT PAPAYA

Möhren schälen, längs halbieren und 2 cm groß würfeln. Bohnen von den Enden befreien und in 4 cm lange Stücke schneiden. Papaya schälen, halbieren, die Samen mit einem Löffel entfernen und das Fruchtfleisch 1,5 cm groß würfeln. Von den Auberginen die Stielansätze entfernen. Die hellvioletten Früchte längs, die gelben quer halbieren.

Das Öl im Wok erhitzen, Zwiebeln und Knoblauch darin unter Rühren hell anbraten. Ingwer, Koriander, Kurkuma, Garam masala, Kreuzkümmel, Paprika und Chilies zufügen und 1 Minute mitbraten. 300 ml Wasser angießen, alles 5 Minuten köcheln lassen.

Das Tomatenfruchtfleisch und das Lorbeerblatt untermischen, salzen und 5 Minuten mitköcheln lassen. 375 ml Wasser angießen und alles erneut zum Kochen bringen.

Möhren, Bohnen und Babymais unter die Zutaten im Wok mischen. Nach 5 Minuten die Papaya und Auberginen zufügen und das Gemüsecurry weitere 10 bis 12 Minuten köcheln lassen. Abschmecken.

Inzwischen den Reis in ein Sieb schütten und kalt abspülen. In einer Schüssel mit kaltem Wasser bedecken und 30 Minuten einweichen, abseihen und abtropfen lassen. Mit 1/2 l Wasser und Salz in einem Topf zum Kochen bringen. Die Hitze reduzieren und den Reis köcheln lassen, bis er die Flüssigkeit aufgesogen hat, das dauert etwa 15 Minuten.

Das Gemüsecurry mit dem Reis anrichten und mit Korianderblättchen bestreut servieren.

ZUTATEN

Für das Curry mit Papaya:
150 g Möhren
100 g Spargelbohnen
250 g Gemüsepapaya
100 g kleine hellviolette Auberginen
100 g kleine gelbe Auberginen
50 g Pea aubergines
3 EL Pflanzenöl
100 g Zwiebeln, fein gehackt
2 Knoblauchzehen, fein gehackt
15 g frische Ingwerwurzel, geschält und fein gehackt
1 TL gemahlener Koriander
1/4 TL gemahlene Kurkuma
1/2 TL Garam masala
1/2 TL gemahlener Kreuzkümmel
1/2 TL edelsüßes Paprikapulver
Fruchtfleisch von 2 roten Chilischoten, in feine Ringe geschnitten
150 g Tomatenfruchtfleisch
1 Lorbeerblatt, Salz
80 g Babymais
Für den Reis:
250 g Basmati-Reis
Salz
Außerdem:
einige Korianderblättchen

Etwas Scharfes für heiße Tage · Um eine solch schöne, gleichmäßige Konsistenz zu erzielen, wird die Suppe fein püriert · Apart serviert in der ausgehöhlten Kokosnußhälfte

Eisgekühlte Currysuppe

ZUTATEN

150 g weiße Zwiebeln
3 Knoblauchzehen
20 g frische Ingwerwurzel
10 g Zitronengras
3 rote Chilischoten
3 EL Pflanzenöl
1 1/2 TL gemahlener Koriander
1/2 TL gemahlene Kurkuma
1 TL gemahlener Kreuzkümmel
3/4 TL edelsüßes Paprikapulver
3/4 l Kokosmilch
2 Kaffir-Limettenblätter
Salz, Saft von 1 Kaffir-Limette
Außerdem:
350 g Tomaten
4 ausgehöhlte Kokosnußhälften
4 EL Kokoscreme
Minze zum Garnieren
gestoßenes Eis nach Belieben

Wem das Aushöhlen der Kokosnuß zu aufwendig erscheint, reicht die Suppe einfach in gut gekühlten Tellern.

ZUBEREITUNG

Zwiebeln, Knoblauch und Ingwer schälen, alles fein hacken. Zitronengras in Scheiben schneiden. Die Chilischoten von den Stielansätzen, Samen und Scheidewänden befreien und das Fruchtfleisch kleinschneiden.

Das Öl im Wok erhitzen, die Zwiebeln darin hellbraun braten. Knoblauch, Ingwer, Zitronengras sowie die Chilies 3 bis 4 Minuten unter ständigem Rühren mitbraten. Koriander, Kurkuma, Kreuzkümmel und Paprikapulver darüberstreuen und 1 Minute mitbraten.

Die Kokosmilch angießen, gut verrühren. Die Limettenblätter einlegen und die Suppe bei reduzierter Hitze 15 bis 20 Minuten köcheln. Die Limettenblätter wieder entfernen und die Suppe im Mixer fein pürieren. In eine Schüssel umfüllen, mit Salz und Limettensaft würzen. Die Currysuppe gut auskühlen lassen.

In der Zwischenzeit die Tomaten blanchieren, häuten, Stielansätze sowie Samen entfernen und das Fruchtfleisch in etwa 1/2 cm große Würfel schneiden.

Die Currysuppe in die ausgehöhlten Kokosschalen füllen, die Tomatenwürfel darauf verteilen und die Suppe mit einem Löffel Kokoscreme sowie der Minze garnieren. Möchte man sie sehr kalt servieren, stellt man die Kokoshälften in gestoßenes Eis.

Das Gemüse wird in Kokosmilch und Fond knackig auf den Punkt gegart · Gut gewürzt mit Kreuzkümmel und Bockshornklee · Vegetarisch, preiswert und schnell gemacht

Blumenkohlcurry

Wie aus einem Alltagsgemüse ein ganz und gar überraschendes Essen werden kann, beweist dieses Rezept, da das Blumenkohlcurry geschmacklich ein echtes Erlebnis ist.

ZUBEREITUNG

Den Blumenkohl putzen und den Strunk abschneiden. Den Kohl in mittelgroße Röschen teilen, unter fließendem Wasser sorgfältig waschen und abtropfen lassen.

Zwiebeln, Ingwer und Kurkuma schälen. Die Zwiebeln und den Ingwer fein hacken, die Kurkuma fein reiben. Chilischote von Stielansatz, Samen und Scheidewänden befreien und das Fruchtfleisch in feine Streifen schneiden.

Das Öl im Wok erhitzen. Senfsamen, Kreuzkümmel, Bockshornkleesamen, Kardamom und Pfefferkörner darin unter Rühren rösten, bis die Gewürze zu duften beginnen.

Die Zwiebel- und Ingwerwürfel sowie die geriebene Kurkuma 3 bis 4 Minuten mitbraten. Blumenkohlröschen sowie die Chilistreifen zufügen und alles bei mittlerer Hitze weitere 3 bis 4 Minuten braten. Salzen.

Den Gemüsefond sowie die Kokosmilch angießen, die Bockshornkleeblätter einstreuen und das Curry bei mittlerer Hitze so lange köcheln lassen, bis der Blumenkohl bißfest ist, das dauert etwa 20 Minuten. Während des Garens mehrmals umrühren und vor dem Servieren abschmecken.

Das Blumenkohlcurry auf Tellern anrichten, mit dem Basilikum garnieren und servieren.

ZUTATEN

1 Blumenkohl von etwa 1 kg
100 g Zwiebeln
20 g frische Ingwerwurzel
15 g frische Kurkumawurzel
1 grüne Chilischote, 3 EL Pflanzenöl
1/2 TL schwarze Senfsamen
1/2 TL Kreuzkümmel (2 g)
1/2 TL Bockshornkleesamen (2 g)
1 schwarze Kardamomkapsel
8 schwarze Pfefferkörner
Salz, 150 ml Gemüsefond
etwa 200 ml Kokosmilch
1 TL getrocknete Bockshornkleeblätter
Außerdem:
Basilikumblättchen zum Garnieren

Curries mit Eiern und Geflügel

Geflügel zählt in Indien – wie in Asien generell – zu den wichtigsten Fleischarten, allen voran das Huhn. Durch sein feines Aroma empfiehlt es sich besonders für milde, ausgewogen gewürzte Curries, wie sie im Norden Indiens gern gegessen werden. In anderen Regionen und Ländern verzichtet man dagegen ungern auf ein gewisses Maß an Schärfe; so schreibt etwa manches malaiische Rezept 20 Chilischoten und mehr vor, eine Zahl, die hier auf ein erträgliches Maß reduziert wurde.
Weniger feurig, doch sehr interessant sind die Curry-Variationen mit Huhn, die Eckart Witzigmann diesem Kapitel beigesteuert hat. Aber auch mit Ente, Wachtel oder Emu lassen sich hervorragende Curries zubereiten. Und mit Eiern? Hartgekocht sind sie als Curryzutat beliebt und preisgünstig, und so ist es kein Wunder, daß beinahe jede Region ihr eigenes Rezept dafür entwickelt hat.

Einfach und günstig · Bei Kindern meist sehr beliebt · Die Kokosmilch kann man entweder selbst herstellen oder aber – ausnahmsweise – auch mal auf Dosenware zurückgreifen

Curry mit hartgekochten Eiern

ZUTATEN

8 Eier
250 g Zwiebeln
3 EL Erdnußöl
1 TL Fenchelsamen (2 g)
1/2 TL Bockshornkleesamen (2 g)
1 Stück Zimtrinde (etwa 5 cm)
6 frische Curryblätter
300 g Tomaten, Salz
1/4 l Kokosmilch
Saft von 1/2 Limette
Für die Gewürzpaste:
2 Knoblauchzehen
10 g frische Ingwerwurzel
10 g frische Kurkumawurzel
2 grüne Chilischoten
1 TL Kreuzkümmelsamen (2 g)
2 TL gemahlener Koriander (6 g)
Außerdem:
einige Korianderblättchen

Curries mit hartgekochten Eiern kennt man überall in Indien. Zubereitet werden sie aber immer unterschiedlich, ganz nach den jeweiligen kulinarischen Vorlieben einer bestimmten Region. Der besondere Vorteil dieses Gerichtes ist, daß sich ein solches Curry hervorragend im voraus zubereiten und sogar einfrieren läßt. Allerdings ohne die Zugabe von Kokosmilch und Eiern, diese beiden Zutaten sollten grundsätzlich erst beim Wiedererwärmen hinzukommen. Was nun die Eier anbelangt – am besten solche aus Freilandhaltung verwenden –, so sollte man sie wirklich hart kochen, denn sind sie in der Mitte noch zu weich, verlieren sie ihre Form. Generell sind Eier eine preiswerte und entsprechend beliebte Zutat für Curries. Und weil man sie eigentlich immer im Hause hat, ist dieses Rezept geradezu ideal für jene Gelegenheiten, wenn unerwartet Gäste vor der Tür stehen. Als Beilage empfiehlt sich dazu Reis oder auch frisches Fladenbrot.

ZUBEREITUNG

Die Eier in 12 Minuten hart kochen, herausnehmen, in kaltem Wasser abschrecken und auskühlen lassen.

Den Knoblauch für die Gewürzpaste schälen und fein hacken. Ingwer sowie Kurkuma

schälen, beides fein reiben. Grüne Chilischoten halbieren, Stielansätze, Samen und Scheidewände entfernen und das Fruchtfleisch fein hacken. Gemahlenen Kreuzkümmel- sowie Koriandersamen in einen Mörser geben, Chilies, Knoblauch, Ingwer und Kurkuma zufügen und alles fein zerreiben. 2 EL Wasser einarbeiten und alles zu einer Paste verrühren.

Die Zwiebeln schälen und fein hacken. 1 EL Erdnußöl im Wok erhitzen und die Fenchelsamen, die Bockshornkleesamen sowie die Zimtrinde darin kurz unter Rühren anrösten. Die Zwiebeln kurz mitbraten. Das restliche Öl zufügen und alles unter ständigem Rühren hell anschwitzen. Die Gewürzpaste einrühren, die Curryblätter zugeben und unter gelegentlichem Rühren 5 Minuten mitschwitzen.

In der Zwischenzeit die Tomaten in kochendem Salzwasser blanchieren und in Eiswasser abschrecken, häuten und halbieren. Die Stielansätze sowie die Samen entfernen. Letztere in ein Sieb geben, durchpassieren und den Saft dabei auffangen.

Das Tomatenfruchtfleisch in kleine Würfel schneiden und im Wok 2 Minuten mitdünsten. Den aufgefangenen Tomatensaft und 300 ml Wasser zugießen, salzen und alles bei nicht zu starker Hitze 20 Minuten köcheln lassen, bis das Curry eine sämige Konsistenz hat.

Die Kokosmilch zugießen und alles weitere 5 Minuten köcheln lassen. Die Currysauce mit dem Limettensaft sowie Kurkuma würzen.

Die hartgekochten Eier schälen und längs halbieren. Die Eier zu der Currysauce in den Wok geben und in der Sauce erwärmen. Das Eiercurry mit einigen Korianderblättchen bestreuen und servieren.

▼ **Nach und nach** kommen die Zutaten zum »egg curry« hinzu: Erst röstet man die Gewürze in Öl an, bis sie zu duften beginnen; gefolgt von gehackten Zwiebeln. Diesen fügt man dann eine eigens dafür hergestellte Würzpaste hinzu, bevor Tomaten, Wasser und Kokosmilch für die gewünschte sämige Konsistenz sorgen.

ZUTATEN

1 küchenfertige Poularde
von etwa 1,5 kg
Salz, frisch gemahlener Pfeffer
2 EL Erdnußöl
300 ml Geflügelfond
2 EL Ingwersirup
1 EL gehacktes Koriandergrün
Für die Curry-Mischung:
120 g weiße Zwiebeln
3 Knoblauchzehen
10 g frische Ingwerwurzel
1 grüne Chilischote, 4 EL Erdnußöl
2 Lorbeerblätter
1 TL gemahlene Kurkuma
1 TL Koriandersamen
1 EL Kreuzkümmel
1/2 TL schwarze Pfefferkörner
1 TL Meersalz, 1 TL Paprikapulver
1/2 TL Chilipulver
Saft von 1/2 Kaffir-Limette
Für die konfitierten Tomaten:
400 g Flaschentomaten
2 EL Erdnußöl
1/2 TL grobes Meersalz
8 junge Knoblauchzehen
4 Thymianzweige
Außerdem:
200 g säuerliche grüne Äpfel
2 EL Kokosöl, 1 EL Zucker
1/4 TL gemahlener Zimt
1 Prise gemahlene Nelken
wahlweise 50 g Kokosmilch, Joghurt
(3,5 % Fett) oder Crème fraîche,
nach Belieben, Meersalz
Korianderstengel zum Garnieren

Während Eckart Witzigmann schon mal fachgerecht das Huhn zerteilt, stellt Patrik Jaros unter geduldigem Rühren die duftende Curry-Mischung mit den Tomaten fertig. Alles kommt dann zum Garen in den Ofen, wobei das Geflügelfleisch ganz vom Aroma der Gewürze durchdrungen wird.

Würzig und fruchtig · Mit konfitierten Tomaten geschmort · Die lassen sich recht unkompliziert und praktischerweise auch schon im voraus herstellen

Curry vom Huhn mit Äpfeln

Zunächst die konfitierten Tomaten zubereiten. Dazu die Flaschentomaten blanchieren, häuten, vierteln, Stielansätze und Samen entfernen. Ein Backblech mit Öl bepinseln und die Tomaten mit der Schnittfläche nach unten darauflegen. Mit dem Salz bestreuen, den Knoblauch und den Thymian dazulegen. Im vorgeheizten Ofen bei 70 °C etwa 3 Stunden trocknen lassen. Thymian sowie Knoblauch entfernen und die Tomaten beiseite stellen.

Für die Curry-Mischung Zwiebeln, Knoblauch und Ingwer schälen und kleinschneiden. Die Chilischote halbieren, Stielansatz, Samen und Scheidewände entfernen. Das Öl in einem Bräter erhitzen. Zwiebeln und Knoblauch darin hell anschwitzen. Die restlichen Gewürze zufügen und bei nicht zu starker Hitze 3 bis 4 Minuten mitbraten. Den Limettensaft zugießen. Die Mischung in einen Mörser oder Mixer umfüllen und fein zerreiben beziehungsweise pürieren.

Die Poularde unter fließendem kaltem Wasser innen wie außen waschen und trockentupfen. Den Vogel in 10 Stücke zerteilen, diese salzen und pfeffern. Das Öl in einem Bräter erhitzen und die Poulardenteile darin bei nicht zu starker Hitze unter mehrmaligem Wenden rundum anbraten.

Die Curry-Mischung unterrühren und mit angehen lassen. Den Geflügelfond angießen, den Ingwersirup und die konfitierten Tomaten zufügen. Alles zugedeckt bei 190 °C im vorgeheizten Ofen 45 bis 50 Minuten garen.

In der Zwischenzeit die Äpfel schälen, achteln und jeweils das Kerngehäuse entfernen. Das Kokosöl in einer Pfanne erhitzen, den Zucker einstreuen und hell karamelisieren lassen. Die Äpfel einlegen, mit Zimt und Nelken bestreuen und unter ständigem Wenden 8 bis 10 Minuten braten.

Nach Belieben entweder die Kokosmilch, den Joghurt oder auch die Crème fraîche mit etwas Meersalz verrühren, bis sich das Salz gelöst hat.

Das fertige Curry aus dem Ofen nehmen, abschmecken und das gehackte Koriandergrün einstreuen. Mit den Apfelspalten auf Tellern anrichten – falls gewünscht, mit Kokosmilch, Joghurt oder Crème fraîche beträufeln – und mit Korianderstengeln garnieren.

Ein scharfes Hühnercurry aus Malaysia · Mit selbstgemachter Kokoscreme zubereitet · Angerichtet mit kroß gebratenen Schalotten

Penang curry kapitan

Das Hähnchen unter fließendem kaltem Wasser innen wie außen gründlich waschen und trockentupfen. In 8 Stücke teilen.

Das Kokosfleisch von der braunen Haut befreien, unter fließendem Wasser kurz abwaschen; es sollten 500 g übrigbleiben. Das Fleisch reiben oder in einem Mixer zerkleinern. Ohne Zugabe von Wasser in 4 bis 5 Portionen nacheinander in ein Passiertuch füllen, das Tuch zusammennehmen und alle Flüssigkeit aus dem Kokosfleisch herauspressen. Die so entstandene dicke Kokoscreme salzen und pfeffern. Die Hähnchenstücke damit übergießen und zugedeckt im Kühlschrank 30 Minuten durchziehen lassen.

Für die Penang-Paste getrocknete Chilischoten 30 Minuten in lauwarmem Wasser einweichen. Frische Chilies vom Stielansatz befreien, längs halbieren, Samen und Scheidewände entfernen. Eingeweichte Chilies abgießen und wie die frischen in Stücke schneiden. Knoblauch und Schalotten schälen, mit dem Zitronengras in Scheibchen schneiden. Alles im Mörser zu einer Paste verarbeiten. Sollte sie zu dick werden, noch etwas Wasser, etwa 60 ml, zugießen.

Das ausgepreßte Kokosfleisch mit 400 ml Wasser übergießen, gut durchkneten, die Masse in ein Tuch füllen und ein zweites Mal auspressen. Die entstehende dünne Kokosmilch auffangen, die Kokosraspel wegwerfen.

Öl im Wok erhitzen und die Paste unter ständigem Rühren darin 6 bis 8 Minuten braten, bis sie zu duften beginnt und das Öl sich auf der Oberfläche absetzt. Hähnchenteile 5 Minuten darin braten. Kokosmilch angießen, alles bei reduzierter Hitze 30 bis 40 Minuten köcheln, mit Salz und Limettensaft würzen.

In der Zwischenzeit die Schalotten in heißem Öl knusprig braun braten, herausnehmen, auf Küchenpapier entfetten. Das Curry mit Schalotten und Koriandergrün garniert servieren.

»Kaeng ka-ri kai song kreung« heißt dieses Gericht klangvoll auf Malaiisch · Dazu reicht Violet Oon einen pikanten Gurkensalat

Gelbes Hühnercurry

Der nach Nonya-Art zubereitete Salat wird gut gekühlt serviert, wobei es wichtig ist, Gurke und Dressing separat in den Kühlschrank zu stellen, damit die Gurke schön knackig bleibt. Das für das Dressing vorgesehene »Sambal belacan« kann man recht einfach selbst herstellen. Dazu 8 frische, große, rote Chilischoten vom Stielansatz befreien und quer in Stücke schneiden. Eine Pfanne erhitzen und darin 1 EL getrocknete Garnelenpaste, malaiisch »Belacan«, ohne Fett unter ständigem Rühren rösten, bis sie krümelig auseinanderfällt. Chilies und Garnelenpaste in einem Mörser fein zerreiben. Diese Masse wird dann erst unmittelbar vor der Verwendung – damit das Aroma der exotischen kleinen Zitrusfrüchte nicht verlorengeht – mit dem Saft von 4 bis 6 Calamansi oder von Limequats beträufelt. Wer sie hier nicht bekommt, kann ersatzweise den Saft einer Limette verwenden.

ZUTATEN

Für das gelbe Hühnercurry:
1 küchenfertiges Hähnchen von etwa 1 kg
300 g kleine, festkochende Kartoffeln
250 g Zwiebeln, 150 g Möhren
1 l Kokosmilch, 1 EL Pflanzenöl
1/2 TL Salz, 2 EL Zucker
4 EL Fischsauce

Für die gelbe Currypaste:
12 getrocknete rote Chilischoten
60 g Schalotten
10 g Korianderwurzel
10 g Zitronengras, 1 EL gemahlener Kreuzkümmel (8 g)
5 TL gemahlene Kurkuma (15 g)

Für den Gurkensalat:
35 g getrocknete Garnelen
150 g Salatgurke
3 bis 5 TL Sambal belacan
3 bis 5 TL brauner Zucker
1 bis 2 EL heller Reisessig
2 bis 3 EL Calamansisaft

Außerdem:
Pfefferminzblättchen zum Garnieren

ZUBEREITUNG

Zunächst die getrockneten Garnelen für den Salat in einer Schüssel mit heißem Wasser übergießen und 15 Minuten einweichen lassen. Das Wasser abgießen, die Garnelen abtropfen lassen und im Mörser zerkleinern.

Die Gurke waschen und in keilförmige Stücke schneiden. Sambal belacan, Zucker, Essig und Calamansisaft mit den zerstoßenen Garnelen mischen. Die Gurke und die Sambalmischung bis zur weiteren Verwendung kühl stellen.

Die getrockneten Chilischoten für die gelbe Currypaste 20 Minuten in kaltem Wasser einweichen. Das Hähnchen innen wie außen unter fließendem kaltem Wasser waschen, trockentupfen und in 14 bis 16 Stücke teilen. Zudecken und bis zur weiteren Verwendung kühl stellen.

Für die gelbe Currypaste die eingeweichten Chilischoten abgießen und gut abtropfen lassen. Die Schalotten schälen und grob zerkleinern. Korianderwurzel und Zitronengras putzen, beides grob hacken. Chilies, Schalotten, Korianderwurzel und Zitronengras im Mixer zu einer glatten Paste verarbeiten. Kreuzkümmel und Kurkuma unterrühren.

Kartoffeln, Zwiebeln und Möhren schälen. Die Kartoffeln längs vierteln, die Zwiebeln in 1,5 cm große Stücke schneiden. Die Möhren längs halbieren und in 2 cm große Stücke schneiden.

Die Kokosmilch in einem Wok bei mittlerer Hitze zum Kochen bringen, die Hähnchenteile einlegen und 10 Minuten darin köcheln lassen. Dann die Kartoffeln, die Zwiebeln und die Möhren zufügen.

Das Pflanzenöl in einer Kasserolle erhitzen. 150 ml Kokosmilch aus dem Wok entnehmen und zum Öl gießen. Die Currypaste einrühren und alles 10 Minuten köcheln lassen. Alles zurück in den Wok gießen und das Curry mit Salz, Zucker und der Fischsauce würzen. Bei schwacher Hitze 15 bis 20 Minuten weiterköcheln lassen und nochmals abschmecken.

Zum Fertigstellen des Salats die Gurkenstücke mit dem Dressing vermischen. Das Hühnercurry mit den Minzeblättchen garnieren. Den Salat und das Curry sofort servieren.

ZUTATEN

Für das Penang curry kapitan:
1 küchenfertiges Hähnchen von etwa 1,2 kg, 700 g Kokosfleisch
1 TL Salz, 1/4 TL frisch gemahlener weißer Pfeffer, 5 EL Pflanzenöl
Saft von 1/2 Limette

Für die Penang-Currypaste:
5 getrocknete rote Chilischoten
5 frische rote Chilischoten
5 Knoblauchzehen, 150 g Schalotten
20 g Zitronengras (nur der untere Teil)

Außerdem:
150 g Schalotten, geschält, in dünne Ringe geschnitten, 8 EL Pflanzenöl
einige Korianderblättchen

Europa, Ostasien und Indien: Eckart Witzigmann vereint drei Kochtraditionen – mit umwerfendem Ergebnis · Die Vögel werden erst mariniert, dann im Ofen geschmort

Curry von Stubenküken

ZUTATEN

4 Stubenküken von je etwa 500 g
6 junge Knoblauchzehen
200 g Cocktailtomaten
250 g Pioppini-Pilze
50 g Schalotten
150 ml Sahne, 200 ml Kokosmilch
6 g frische Kurkumawurzel
1 TL mildes Madras-Currypulver
2 EL Erdnußöl
1 TL 5-Gewürze-Pulver (aus Anis, Fenchel, Pfeffer, Zimt, Ingwer)

Für die Marinade:
20 g frische Ingwerwurzel
1 rote Chilischote
2 Knoblauchzehen, 5 g Zitronengras
1 Kaffir-Limettenblatt
3 Lorbeerblätter
Salz, frisch gemahlener Pfeffer
1 TL mildes Madras-Currypulver
6 EL helle Sojasauce, 4 EL Erdnußöl
Saft von 1 Kaffir-Limette

Außerdem:
120 g Aubergine, etwas Mehl
4 bis 5 EL Erdnußöl, Salz
100 g Pioppini-Pilze
1 EL in Streifen geschnittenes Thai-Basilikum zum Bestreuen

Jedes Stubenküken auf die Brustseite legen und mit einer Schere auf jeder Seite etwa 1 cm neben der Wirbelsäule entlangschneiden. Das Rückgrat samt Bürzel und Hals entfernen.

Das Stubenküken herumdrehen und mit den Handballen das Brustbein herunterdrücken, so daß der Vogel flach liegenbleibt. Rechts und links ein Loch in die Bauchhaut stechen und den jeweiligen Unterschenkel durchstecken, so daß er fixiert ist. Mit den übrigen Stubenküken ebenso verfahren.

Die Stubenküken in eine entsprechend große Form legen. Für die Marinade Ingwer schälen und in feine Scheiben schneiden. Chilischote der Länge nach aufschneiden und die Samen entfernen. Knoblauch schälen und halbieren. Zitronengras in feine Scheiben schneiden.

Die Stubenküken mit den vorbereiteten Zutaten, dem Kaffir-Limettenblatt sowie den Lorbeerblättern belegen, leicht salzen, pfeffern und mit Currypulver bestreuen. Sojasauce, Erdnußöl und Limettensaft verrühren und darüberträufeln. Alles zugedeckt über Nacht im Kühlschrank durchziehen lassen.

Die Knoblauchzehen schälen. Die Tomaten waschen. Die Pilze putzen und die Stiele etwas kürzen. Die Schalotten schälen und fein würfeln. Die Sahne mit der Kokosmilch verrühren. Die Kurkumawurzel schälen und fein reiben. Kurkuma und Currypulver unter die Kokossahne rühren.

Die Stubenküken aus der Marinade nehmen. In einer feuerfesten Form das Öl erhitzen, die Vögel hineinlegen und bei 190 °C im vorgeheizten Ofen 30 bis 35 Minuten braten, dabei mehrfach mit der Marinade beträufeln. Nach der Hälfte der Garzeit die Küken mit der 5-Gewürze-Mischung bestreuen. Knoblauch, Tomaten, Pilze und Schalotten in der Form verteilen, alles mit der Kokossahne begießen.

Inzwischen die Aubergine schälen und quer in 1 mm dicke Scheiben schneiden. Die Scheiben dünn mit Mehl bestreuen, überschüssiges Mehl abschütteln. 3 bis 4 EL Öl in einer Pfanne erhitzen, die Auberginenscheiben darin kroß braten, herausnehmen und leicht salzen.

Die Pioppini-Pilze putzen und die Stiele etwas kürzen. Das restliche Erdnußöl in einer Pfanne erhitzen. Die Pilze darin 1 bis 2 Minuten braten und leicht salzen.

Nach Ende der Garzeit die Stubenküken aus der Form nehmen. Die Flüssigkeit aus der Form vorsichtig in einen Mixer umfüllen, aufmixen und abschmecken.

Die Küken halbieren und auf Tellern anrichten. Mit den Tomaten und den Pilzen aus der Form belegen. Mit den Auberginenscheiben sowie den gebratenen Pilzen garnieren und mit der Sauce begießen. Mit dem Thai-Basilikum bestreut servieren.

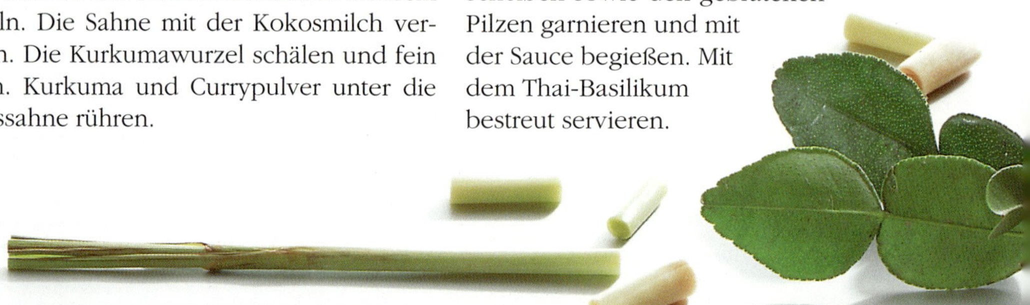

ZUTATEN
4 küchenfertige Wachteln
von je 200 g, Salz
15 g frische Ingwerwurzel
3 Knoblauchzehen
200 g Zwiebeln
800 g Tomaten
5 EL Pflanzenöl
1 TL Kreuzkümmelsamen
1/2 TL Koriandersamen
4 grüne Kardamomkapseln
4 Gewürznelken
etwa 3 cm Zimtrinde
2 Lorbeerblätter
30 g Tomatenmark
Für die Gewürzpaste:
10 g frische Galgantwurzel
10 g frische Kurkumawurzel
2 Knoblauchzehen
2 rote Chilischoten
1/4 TL schwarze Senfkörner
1/2 TL Koriandersamen
1/4 TL Bockshornkleesamen
1/2 TL schwarzer Kreuzkümmel
etwa 3 cm Zimtrinde, Salz
Außerdem:
einige Blättchen Thai-Basilikum

Die halbierten Wachteln sind in kürzester Zeit gar – nur eine knappe Viertelstunde müssen die Portionsvögel in der Sauce schmoren.

Eine west-östliche Kreation · Die Portionsvögel werden mit Gewürzpaste eingerieben und in einer sämigen Tomatensauce gegart

Wachtelcurry

Für die Gewürzpaste den Galgant, die Kurkuma sowie den Knoblauch schälen und fein hacken. Die Chilischoten halbieren, Stielansätze, Samen sowie Scheidewände entfernen. Galgant, Kurkuma, Knoblauch und Chilies mit den restlichen Gewürzen im Mörser oder Mixer zu einer glatten Paste verarbeiten.

Die Wachteln unter fließendem kaltem Wasser innen und außen waschen, trockentupfen und längs halbieren. Die Hälften leicht salzen, mit der Gewürzpaste einreiben. In einer Form zugedeckt 2 Stunden durchziehen lassen.

Ingwer und Knoblauch schälen, fein hacken. Die Zwiebeln schälen, halbieren und quer in feine Streifen schneiden. Die Tomaten blanchieren, häuten, halbieren, von Stielansätzen sowie Samen befreien und fein würfeln.

3 EL Öl in einem Wok erhitzen und die Wachteln 3 bis 4 Minuten von beiden Seiten darin anbraten, herausnehmen. Restliches Öl zufügen, Gewürze unter Rühren 1 Minute darin anbraten, herausnehmen. Ingwer, Zwiebeln und Knoblauch im verbliebenen Öl 5 Minuten braten, Tomatenmark einrühren und mitschwitzen. Die Tomaten, die gerösteten Gewürze sowie 3/4 l Wasser zufügen und 10 Minuten köcheln lassen, salzen.

Die Wachteln einlegen und in 10 bis 12 Minuten fertiggaren. Das Curry abschmecken, anrichten und mit Thai-Basilikum bestreut servieren.

Eine Variante der berühmten anglo-indischen Currysuppe · Mit frischer Hühnerbrühe und einer speziellen Gewürzmischung zubereitet

Mulligatawny soup

Das Hähnchen längs halbieren und unter fließendem kaltem Wasser innen wie außen waschen. In einem entsprechend großen Topf mit 1,5 l Wasser aufgießen, leicht salzen und zum Kochen bringen. Bei reduzierter Hitze 30 Minuten köcheln lassen, dabei mehrfach abschäumen. Das Hähnchen herausheben. Die Brühe durch ein Sieb gießen, 1 l davon abmessen und zur Seite stellen.

Die Zutaten für das Currypulver in einem Mörser fein zerreiben. Ingwer und Gemüse schälen beziehungsweise putzen und fein würfeln. Die Chilischote halbieren, Stielansatz, Samen und Scheidewände entfernen. Ghee erhitzen und das Gemüse sowie die Chilihälften darin 5 Minuten bei mittlerer Hitze anschwitzen. Das Currypulver unter das Gemüse rühren und 1 Minute mitbraten.

Die Hühnerbrühe angießen, aufkochen und alles bei reduzierter Hitze 20 Minuten köcheln lassen. Im Mixer pürieren, zurück in den Topf gießen und salzen. Das Hähnchenfleisch auslösen, die Haut entfernen. Das Fleisch in mundgerechte Stücke teilen und in der Suppe erwärmen. Das Ei schälen und achteln. Die Suppe mit dem Fleisch in Teller füllen, mit Ei und Koriandergrün garniert servieren.

ZUTATEN:

1 küchenfertiges Hähnchen
von etwa 800 g, Salz
10 g frische Ingwerwurzel
100 g Zwiebeln
2 Knoblauchzehen
80 g Lauch, 150 g Kartoffeln
100 g grüne Paprikaschote
80 g Möhren, 1 rote Chilischote
4 EL Ghee

Für das Currypulver:
1 TL Koriandersamen (2,5 g)
1 TL Kreuzkümmelsamen (2,5 g)
1/2 TL gemahlener Ingwer (1 g)
1 TL gemahlene Kurkuma (2,5 g)
1/4 TL Fenchelsamen
2 grüne Kardamomkapseln
1 Muskatblüte, 4 Gewürznelken
4 schwarze Pfefferkörner
1/4 TL weiße Mohnsamen
1/4 TL schwarze Senfkörner
etwa 1,5 cm Zimtrinde

Außerdem:
1 hartgekochtes Ei
(10 bis 12 Minuten)
Koriandergrün zum Garnieren

Mit thailändischem Duftreis serviert, der auch bei uns problemlos erhältlich ist, schmeckt das würzige Entengericht ganz besonders gut.

Eine südostasiatische Curry-Variante mit Gemüse, Pilzen und Erdnüssen · Knackig im Wok gegart · Kann ersatzweise auch mit einer Hausente zubereitet werden

Curry-Wildente

ZUTATEN

Für 2 Portionen:
1 küchenfertige Wildente (etwa 900 g)
1 TL Koriandersamen
8 g frische Kurkumawurzel
5 g frische Galgantwurzel
5 g frische Ingwerwurzel
1 Knoblauchzehe
1 rote Chilischote
5 g Zitronengras
30 g Frühlingszwiebeln
80 g rote Paprikaschote
100 g Shiitake-Pilze
80 ml Geflügelfond
3 EL helle Sojasauce
1/4 TL Speisestärke
3 EL Erdnußöl
1 Stück Zimtrinde (etwa 3 cm)
20 g geschälte Erdnüsse
Salz und Pfeffer nach Bedarf
Außerdem:
150 g thailändischer Duftreis, Salz
Korianderblättchen zum Garnieren

Das Entenfleisch von den Knochen lösen, die Haut entfernen und das Fleisch in 2 1/2 cm große Würfel schneiden.

Die Koriandersamen in einem Mörser grob zerstoßen. Kurkuma-, Galgant- und Ingwerwurzel sowie die Knoblauchzehe schälen. Die Kurkuma in feine Scheiben schneiden, Galgant, Ingwer und Knoblauch fein hacken.

Von der Chilischote den Stielansatz abschneiden, das Fruchtfleisch in Ringe schneiden und dabei die Samen entfernen.

Das Zitronengras, die Frühlingszwiebeln und die Paprikaschote waschen und trockentupfen. Das Zitronengras in etwa 1 cm lange Stücke schneiden. Die Frühlingszwiebeln putzen und in Ringe schneiden. Die Paprikascho-

te halbieren, Stielansatz, Samen und Scheidewände entfernen. Das Fruchtfleisch in etwa 1 cm große Quadrate schneiden.

Die Pilze putzen, die harten Teile der Stiele entfernen und die Hüte je nach Größe halbieren oder vierteln. Den Geflügelfond mit der Sojasauce und der Speisestärke verrühren.

Den Reis in einem Sieb unter fließendem kaltem Wasser abbrausen und abtropfen lassen. In einem Topf mit 300 ml kaltem Wasser bedecken, salzen und zugedeckt zum Kochen bringen. Die Hitze reduzieren und den Reis 15 bis 20 Minuten garen.

Sobald die Flüssigkeit aufgenommen ist, den Topf vom Herd ziehen und den Reis noch 5 Minuten ausquellen lassen, dabei zwei Lagen Küchenpapier zwischen Topfrand und Deckel klemmen.

In der Zwischenzeit das Öl im Wok erhitzen. Die Koriandersamen, die Kurkuma, den Galgant, den Ingwer, den Knoblauch, die Chiliringe, das Zitronengras sowie die Zimtrinde 1 bis 2 Minuten darin braten, dabei ständig rühren, damit der Koriander nicht ansetzt.

Die Gewürze aus dem Wok nehmen und beiseite stellen. Das Entenfleisch im heißen Öl rundum braun anbraten, das dauert etwa 4 bis 5 Minuten. Das Fleisch herausnehmen.

Die Frühlingszwiebelringe, den Paprika und die Pilze im verbliebenen Öl unter ständigem Rühren 2 bis 3 Minuten braten.

Die Gewürze und das Fleisch wieder einlegen, die Erdnüsse zufügen und alles zusammen noch 1 Minute braten. Den angerührten Fond zugießen und einmal aufkochen lassen. Das fertige Enten-Curry nach Bedarf mit Salz und Pfeffer abschmecken und die Zimtrinde wieder entfernen.

Den Reis mit einer Gabel auflockern und in Schälchen verteilen. Das Enten-Curry darauf anrichten und alles nach Belieben mit Korianderblättchen garniert servieren.

▼ **Ständiges Abwechseln** von Braten und Herausnehmen der eben angebratenen Zutaten kennzeichnet die Zubereitung der Ente im Wok: Zuerst kommen die Gewürze ins heiße Öl, dann das Entenfleisch, schließlich das Gemüse, und erst ganz zum Schluß ist alles wieder vereint.

Im Emucurry schmoren außer dem Fleisch und den Gewürzen auch Zwiebeln, Tomaten und Süßkartoffelstücke mit.

Ausgefallen, aber delikat ist dieses Curry · Das Emufleisch aus Australien harmoniert überraschend gut mit den typischen Currygewürzen

Curry vom Emu

ZUTATEN

Für das Curry vom Emu:
800 g Emufleisch
200 g Zwiebeln, 2 Knoblauchzehen
10 g frische Ingwerwurzel
15 g frische Kurkumawurzel
3 rote Chilischoten
1 TL Kreuzkümmel (3 g)
1 TL Koriandersamen (2 g)
1/2 TL Fenchelsamen (1 g)
400 g Tomaten, 350 g Süßkartoffeln
4 EL Pflanzenöl, Salz
Saft von 1/2 Kaffir-Limette

Das Emufleisch parieren, das heißt von dünnen Häutchen und Sehnen befreien, und in etwa 3 cm große Stücke schneiden.

Die Zwiebeln, die Knoblauchzehen, die Ingwer- sowie die Kurkumawurzel schälen. Die Zwiebeln, den Knoblauch und den Ingwer hacken. Die Kurkuma fein reiben. Die Chilies halbieren, Stielansätze, Samen sowie Scheidewände entfernen und das Fruchtfleisch in feine Streifen schneiden.

Kreuzkümmel, Koriander- und Fenchelsamen in einem Mörser zu einem feinen Pulver zerstoßen. Die Tomaten blanchieren, häuten, halbieren und von Stielansätzen sowie Samen befreien. Das Fruchtfleisch klein würfeln. Die Süßkartoffeln schälen und in etwa 2 cm große Stücke schneiden.

3 EL Pflanzenöl in einer entsprechend großen Pfanne erhitzen. Das Emufleisch darin unter Rühren anbraten und wieder herausnehmen. Das restliche Öl zufügen und heiß werden lassen. Die Zwiebeln, den Knoblauch und den Ingwer zufügen, unter ständigem Rühren bei nicht zu starker Hitze 5 Minuten braten.

Geriebene Kurkuma, Chilistreifen sowie die zerstoßenen Gewürze zufügen und 1 Minute mitbraten. Die Tomaten und das Emufleisch zufügen und alles mit etwa 300 ml Wasser aufgießen. Salzen und den Pfanneninhalt zum Kochen bringen. Die Hitze reduzieren und alles 35 bis 40 Minuten köcheln lassen. Nach 20 Minuten Garzeit die Süßkartoffeln untermischen. Vor dem Servieren mit dem Limettensaft würzen und mit Salz abschmecken.

Ein gut gewürztes Geflügelgericht von kräftigem Geschmack · Die Mangos grillt man separat und serviert sie als fruchtige Beilage

Entencurry mit Mango

ZUTATEN

Für das Entencurry mit Mango:
2 Entenbrüste von je etwa 350 g, ohne Knochen, 20 g Zitronengras
2 Knoblauchzehen
100 g rote thailändische Zwiebelchen
20 g frische Ingwerwurzel
2 rote Chilischoten, 250 g Tomaten
4 EL Erdnußöl
4 grüne Kardamomkapseln
1 Stück Zimtrinde, 1 Kapsel Sternanis, 1/2 TL Fenchelsamen
3 TL gemahlene Kurkuma
3 Kaffir-Limettenblätter
300 ml Kokosmilch
100 ml Geflügelbrühe, Salz
Außerdem:
2 reife Mangos von je etwa 200 g
100 g Kokosfleisch, gehobelt

Die Entenbrüste waschen, trockentupfen, von der Haut befreien und das Fleisch quer in dünne Scheiben schneiden.

Das Zitronengras in 3 cm lange Stücke schneiden. Den Knoblauch, die Zwiebelchen sowie den Ingwer schälen, Knoblauch und Ingwer fein hacken. Die Zwiebeln vierteln.

Die Chilischoten von den Stielansätzen befreien und das Fruchtfleisch in Ringe schneiden, dabei die Samen entfernen. Die Tomaten blanchieren, häuten, von Stielansätzen und Samen befreien. Das Fruchtfleisch würfeln.

1/2 EL Öl in einem Wok erhitzen, den Kardamom, den Zimt, den Sternanis und den Fenchel darin 1 Minute unter Rühren braten. Die Gewürze wieder herausnehmen und zur Seite stellen. Das restliche Öl in den Wok gießen und erhitzen. Das Entenfleisch darin in 2 Portionen anbraten und ebenfalls herausnehmen.

Zitronengras, Knoblauch, Ingwer, Zwiebeln und Chiliringe kurz im Wok anbraten, die gebratenen Gewürze und das Entenfleisch einrühren. Mit Kurkumapulver bestreuen und alles bei nicht zu starker Hitze weitere 3 bis 4 Minuten braten. Limettenblätter und Tomatenwürfel zufügen, Kokosmilch und Geflügelbrühe zugießen. Alles bei nicht zu starker Hitze 15 Minuten köcheln lassen. Salzen.

Die Mangos der Länge nach in 3 Teile schneiden. Vom mittleren Teil jeweils die Schale ablösen. Den Stein mit einer Gabel auf eine Arbeitsfläche drücken, Fruchtfleisch und Saft mit einem Messer abstreifen. Beides in das Curry einrühren. Die übrigen Mangodrittel auf der Schnittseite 2 bis 3 Minuten grillen. Die Kokosspäne in einer Pfanne ohne Fettzugabe rösten, das Curry damit bestreuen und mit den gegrillten Mangos anrichten.

Sobald alle Zutaten im Wok angebraten sind, wird das Entencurry mit Kokosmilch und Geflügelbrühe aufgegossen. So gart das Fleisch in einer pikanten Sauce und wird dabei schön zart.

Curries mit

Seafood

Marlin, Papageifisch, Barsch, aber auch Muscheln, Krabben und Garnelen – die Vielfalt an Seafood vor den Küsten des indischen Subkontinents und Südostasiens ist riesig, und beinahe ebensogroß ist die Palette der daraus zubereiteten Curries: Da gibt es einmal Gerichte aus der Alltagsküche wie das – vor Ort – preiswerte malaiische Fischkopfcurry, aber auch Exquisites wie ein Curry mit Riesengarnelen. Es müssen jedoch nicht unbedingt die angegebenen Arten sein, wichtig ist nur, daß der Fisch festfleischig ist.

Weitere Highlights dieses Kapitels sind die euro-asiatischen Curry-Kreationen von Eckart Witzigmann, wie etwa der gewürzte Thunfisch, das Krabbencurry oder auch das Curry mit Kalmaren. Ihre Zubereitung ist zwar nicht immer ganz leicht, doch rechtfertigt das geschmackliche Ergebnis den Aufwand auf jeden Fall.

ZUTATEN

1 Pomfret von etwa 500 g, küchenfertig und Kopf, Schwanz sowie Flossen entfernt, 1 1/2 TL Salz
40 g Tamarindenmark
3 EL Pflanzenöl, 1 rosa Ingwerblüte, diagonal in dünne Scheiben geschnitten, 1 TL Zucker
Für die Currypaste:
5 getrocknete rote Chilischoten
Fruchtfleisch von 5 frischen roten Chilischoten, kleingeschnitten
10 g Zitronengras (nur der untere Teil), geputzt und in dünne Scheiben geschnitten
15 g frische Galgantwurzel, geschält und kleingeschnitten, oder 1 TL gemahlener Galgant
1 TL gemahlene Kurkuma
150 g Schalotten, geschält und in dünne Ringe geschnitten
10 g getrocknete Garnelenpaste (Belacan)
Pflanzenöl nach Bedarf

Ein Fisch-Curry aus Malaysia · Pomfret in sauer-scharfer Sauce · Für die Zubereitung verwendet man in Südostasien »claypots« – spezielle Töpfe aus Ton (ohne Abbildung)

Gulai tumis

Für malaiische Fisch-Curries ist die deutlich säuerliche Note ebenso typisch wie die Würzpaste, die nicht homogen püriert wird, sondern noch Stückchen der Zutaten erkennen läßt. Das Originalrezept sieht die doppelte Anzahl getrockneter Chilies vor, ist also hier schon etwas gemildert. Wem das immer noch zu scharf ist, der entfernt am besten aus allen Chilischoten die Samen oder reduziert die Gesamtmenge noch weiter. Sollte die Ingwerblüte, malaiisch »bunga kantan«, nicht erhältlich sein, kann man sie einfach weglassen.

ZUBEREITUNG

Die getrockneten Chilischoten für die Paste 1 Stunde in warmem Wasser einweichen. Inzwischen den Fisch quer in 4 bis 5 Stücke teilen, waschen, trockentupfen, mit 1 TL Salz einreiben und 15 Minuten stehenlassen. Gut abspülen und trockentupfen. Das Tamarindenmark mit 1/2 bis 3/4 l Wasser übergießen und gut durchkneten. Durch ein feines Sieb gießen und die Flüssigkeit auffangen.

Eingeweichte Chilies abtropfen lassen, von den Stielansätzen befreien und die Schoten in 1 cm große Stücke schneiden. Alle Zutaten für die Paste im Mixer grob zerkleinern, nach Bedarf etwas Öl zufügen, um die Paste geschmeidig zu machen.

Einen Tontopf oder eine Kasserolle etwa 1 Minute erhitzen, das Öl zugießen und darin heiß werden lassen. Die Paste zufügen und bei mittlerer Hitze 4 Minuten unter Rühren braten, bis sie zu duften beginnt und das Öl sich auf der Oberfläche absetzt. Die Ingwerblüte 1 Minute mitbraten. Tamarindenwasser zugießen und alles unter Rühren zum Kochen bringen. Die Hitze reduzieren und 10 Minuten köcheln lassen. Die Pomfretstücke in die Sauce einlegen und bei schwacher Hitze in 8 bis 10 Minuten garziehen lassen. Salzen, zuckern und servieren. Dazu paßt gut Basmati-Reis.

Ein recht unkompliziertes Fischgericht, der im ganzen zubereitete, saftige Snapper · Die Currysauce wird separat gekocht und kann auch schon am Vortag hergestellt werden

Curry-Snapper

Die beiden Snapper mit einem Fischschupper oder einem großen Messer in Richtung Kopf schuppen. Unter fließendem kaltem Wasser innen und außen gründlich waschen und mit Küchenpapier trockentupfen.

Die Zwiebeln sowie den Knoblauch schälen und die Zwiebeln fein hacken. Die Tomaten waschen, vierteln, die Stielansätze und die Samen entfernen. Den Ingwer schälen und grob zerkleinern.

Den Knoblauch, die Tomaten, den Ingwer und den Kreuzkümmel in einem Mixer fein pürieren, dabei zum Schluß das Tomatenmark untermischen. Die Chilischote vom Stielansatz befreien und die Schote in dünne Ringe schneiden, dabei die Samen entfernen.

Das Öl in einem entsprechend großen Topf erhitzen, die Zwiebeln zufügen und unter Rühren anbraten, dabei etwas Farbe nehmen lassen. Die Chilischote sowie das -pulver zufügen und unter Rühren 1 Minute mitbraten. Koriander und Kurkuma einrühren und ebenfalls kurz mitbraten.

Garam masala untermischen und die gebratenen Gewürze mit 120 ml Wasser aufgießen. Die pürierte Tomatenmischung unterrühren und alles 2 bis 3 Minuten schmoren. Fischfond oder Wasser angießen, die Currysauce nach Belieben salzen und 5 Minuten köcheln lassen. Essig einrühren und abschmecken.

Die Fische innen salzen und pfeffern. Den Boden einer entsprechend großen, feuerfesten Form mit etwas Currysauce ausgießen, die Fische auflegen und diese mit der restlichen Sauce bedecken.

Alles bei 180 °C im vorgeheizten Ofen etwa 15 Minuten garen. Auf Platten anrichten, das Kokosnußfleisch darüberreiben und mit Koriandergrün bestreut servieren.

ZUTATEN

2 Snapper von je etwa 800 g, ausgenommen, 300 g Zwiebeln
3 Knoblauchzehen, 300 g Tomaten
15 g frische Ingwerwurzel
1 TL Kreuzkümmmelsamen
40 g Tomatenmark
1 rote Chilischote, 4 EL Pflanzenöl
1 EL Chilipulver
1 EL gemahlener Koriandersamen
1/2 TL gemahlene Kurkuma
3/4 TL Garam masala
350 bis 400 ml Fischfond, ersatzweise Wasser, Salz
1 TL milder Weinessig (5 % Säure)
frisch gemahlener Pfeffer
Außerdem:
50 g frisches Kokosnußfleisch
1 EL gehacktes Koriandergrün

▼ **Snapper** gehören, da sie ein festes weißes Fleisch und nur wenige Gräten besitzen, zu den beliebtesten Speisefischen in Asien.

Eckart Witzigmann beim Marinieren des Fischs, der später – nur kurz gegrillt, innen aber noch roh – mit den verschiedenen Aromen der Gewürze und Saucen eine höchst gelungene Verbindung eingeht.

Spannend ist diese Thunfisch-Zubereitung à la Witzigmann · Etwas aufwendig · Schon am Vortag beginnen, denn Fisch und Chutney müssen über Nacht gut durchziehen

Gewürzter Thunfisch

Den Thunfisch in eine Form legen. Alle Zutaten für die Currymischung im Mörser nicht zu fein zerreiben. Ingwer und Krachai schälen, Ingwer in dünne Scheiben schneiden. Chilies längs halbieren, Samen und Scheidewände entfernen. Limette in dünne Scheiben schneiden und weiterverfahren, wie in den ersten beiden Bildern unten gezeigt. Den Fisch über Nacht kühl durchziehen lassen.

Für das Chutney Mango in Scheiben, die Banane leicht schräg in 1/2 cm dicke Scheiben schneiden. Ananas in 2 cm große Stücke schneiden. Palmzucker mit 200 ml Wasser hell karamelisieren, mit Essig ablöschen. Knoblauch und Banane darin kurz angehen lassen. Ananas und Sesamöl zufügen, Limettenblätter, Chilies, Ingwer und Zitronengras einlegen, 5 Minuten bei reduzierter Hitze köcheln. Tomaten, Tomatensaft, Ketchup, Kokoswasser und Currypulver 2 bis 3 Minuten mitköcheln. Die Zitrussäfte mit dem Ananasfleisch im Mixer fein pürieren, durch ein Sieb passieren, zugießen. Die Mangoscheiben einlegen, noch 3 bis 4 Minuten köcheln. Abschmecken, über Nacht zugedeckt durchziehen lassen. Öl erhitzen, Chinakohl darin anbraten, leicht salzen, pfeffern. Das Chutney erhitzen und den Chinakohl untermischen.

Den Thunfisch grillen, wie unten gezeigt. Er soll innen noch roh sein. Alle Zutaten für die Marinade verrühren, den Fisch auf eine Platte legen, mit 2/3 der Marinade beträufeln.

Für die Mayonnaise Ei auf niedrigster Stufe im Mixer mit Salz, Pfeffer, Limettensaft vermischen, 120 ml Öl in kräftigem Strahl zugießen. In eine Schüssel umfüllen, Limettenschale, Koriandergrün und Chili einrühren, Ingwer durch die Knoblauchpresse dazudrücken. Alles gut mischen. Currypulver im restlichen Öl anschwitzen. Abkühlen lassen, unterrühren und abschmecken.

ZUTATEN

500 g Yellowfin tuna
(Filetstück ohne Haut; ersatzweise auch vom Weißen Thunfisch)
5 g frische Ingwerwurzel
20 g Krachai
2 rote Chilischoten
1 Kaffir-Limette
1 TL grobes Meersalz
2 EL helle Sojasauce
1 TL Palmzucker
5 Kaffir-Limettenblätter
2 Stengel Koriandergrün

Für die Curry-Mischung:
1 TL Szechuan-Pfeffer
1 TL Koriandersamen
1 TL Bockshornkleesamen
1/2 TL schwarzer Kreuzkümmel
1 TL Kreuzkümmel
1/2 TL Ajowan
5 grüne Kardamomkapseln
1 Stück Zimtrinde (4 cm)
4 g frische Kurkumawurzel, geschält

Für die Marinade:
3 EL Sesamöl, 2 EL Erdnußöl
3 EL helle Sojasauce
1/4 TL frisch geriebene Ingwerwurzel
1 geriebene Knoblauchzehe
frisch gemahlener schwarzer Pfeffer
1 EL gehacktes Koriandergrün

Den Thunfisch mit Salz bestreuen und rundum mit der Currymischung einreiben. Mit der Sojasauce beträufeln und den Palmzucker darüberstreuen.

Limettenblätter und -scheiben, Ingwer, Krachai und Chilies auf dem Fisch verteilen und die Korianderstengel auflegen. Die Form mit Folie bedecken.

Eine Grillplatte mit Öl bepinseln, den Thunfisch aus der Form heben, die anderen Zutaten werden nicht weiter verwendet. Auf jeder Seite 1 Minute grillen.

Das Gericht fertigstellen: Dafür das Chutney auf einer entsprechend großen Platte verteilen und das nur kurz gegrillte Thunfischfilet daraufsetzen.

Mangoscheiben erst in Eiweiß, dann in Kokosraspel wenden und im heißen Öl ausbacken. Neben dem Fisch anrichten, Zwiebelringe darüber verteilen.

Vor dem Servieren den Fisch mit dem restlichen Drittel der Marinade beträufeln. Nun ist das Gericht beinahe fertig, es fehlt jetzt nur noch die Mayonnaise.

ZUTATEN

Für das Chutney:
150 g grüne Mango, geschält
150 g Kochbanane, geschält
300 g Ananasfleisch
2 EL Palmzucker
3 EL Kokosessig (4,5 % Säure)
10 junge Knoblauchzehen, geschält
3 EL Sesamöl
3 Kaffir-Limettenblätter
3 rote Chilischoten, aufgeschlitzt, ohne Samen
5 g frische Ingwerwurzel, geschält und in Scheiben geschnitten
5 g Zitronengras, in Scheiben
120 g konfitierte Tomaten
6 EL Tomatensaft
1 EL Chili-Ketchup
100 ml Kokoswasser
1 TL mildes Madras-Currypulver
Saft von 1 Kaffir-Limette
Saft von 1 Orange
150 g Ananasfleisch
2 EL Erdnußöl
250 g Chinakohl, geputzt und in 3 cm breite Streifen geschnitten
Salz, frisch gemahlener Pfeffer
Für die Koriander-Mayonnaise:
1 Ei, Salz, frisch gemahlener Pfeffer
Saft und abgeriebene Schale von 1/2 Kaffir-Limette
1/8 l Sonnenblumenöl
1 EL gehacktes Koriandergrün
1/2 rote Chilischote, fein gehackt
5 g frische Ingwerwurzel, geschält
1/2 TL mildes Madras-Currypulver
Außerdem:
250 g grüne Mangos, geschält und in Scheiben geschnitten
1 verquirltes Eiweiß
120 g Kokosfleisch, frisch gerieben
5 bis 7 EL Erdnußöl
80 g rote Zwiebeln, geschält und in dünne Ringe geschnitten

Yellowfin tuna – unter den Thunfischen gilt er als der feinste – faszinierend serviert: Auf einem Chutney aus exotischen Früchten, mit gebackenen Mangoscheiben und beträufelt mit einer Koriander-Mayonnaise – aufwendig, aber kulinarisch eine echte Sensation.

Für Liebhaber ausgefallener Gerichte · Die Fischköpfe werden in einer pikanten Sauce mit Tomaten und Zwiebeln gekocht · Okraschoten sorgen für eine sämige Konsistenz

Fischkopf-Curry

ZUTATEN

1,5 kg Köpfe von Seefischen, Salz
5 rote Chilischoten
250 g Tomaten, 150 g Zwiebeln
2 Knoblauchzehen
1 TL gemahlene Koriandersamen
1 TL gemahlene Kurkuma
60 g Frühlingszwiebeln
1 TL Fenchelsamen
1 TL Kreuzkümmelsamen
175 g Okraschoten
2 EL Pflanzenöl
1 TL schwarze Senfsamen

Ein Alltagsgericht aus Malaysia – schnell zubereitet und in seiner Heimat auch für jene erschwinglich, die sich Fischfilets nicht leisten können. Zudem bringen gerade die Fischköpfe einen besonders intensiven Geschmack. Der dazu am liebsten verwendete Fisch ist der Red Snapper, doch kann man auch zu anderen weißfleischigen Seefisch-Arten greifen. Und Tomaten, Zwiebeln und Gewürze können auch mit Fischfond statt mit Wasser aufgegossen werden. Wie auch immer, dazu paßt bestens »Nasi minyak«, ein Reisgericht, für das zunächst eine mittelgroße Zwiebel in Ghee angeschwitzt wird. Dann den Reis darin glasig braten, mit Geflügelfond oder einer Mischung aus Fond und Kokosmilch aufgießen und mit Nelken, Zimt und Salz würzen.

ZUBEREITUNG

Die Fischköpfe unter fließendem kaltem Wasser gründlich säubern und mit Salz einreiben, 15 Minuten stehenlassen. Gut abspülen, trokkentupfen und bis zur weiteren Verwendung kühl stellen.

Die Chilischoten längs halbieren und von Stielansätzen, Samen sowie Scheidewänden befreien. Die Tomaten waschen, vierteln und die Stielansätze entfernen. Die Zwiebeln und die Knoblauchzehen schälen. Die Zwiebeln halbieren und in Ringe schneiden, die Knoblauchzehen grob hacken.

Chilischoten, Tomaten, Zwiebeln, Knoblauch, Koriander und Kurkuma in eine Schüssel füllen und mit 1/2 bis 3/4 l Wasser übergießen.

Frühlingszwiebeln putzen und grob hacken. Die Fenchelsamen sowie den Kreuzkümmel im Mörser fein zerstoßen oder im Mixer fein mahlen. Die Stielansätze der Okras entfernen und die Schoten in 4 bis 5 cm lange Stücke schneiden.

Das Öl erhitzen und Fenchel, Kreuzkümmel sowie die Senfsamen darin anbraten. Okraschoten zufügen und unter ständigem Rühren braten, bis sie eine schöne, leuchtende Farbe angenommen haben. Die Tomaten-Gewürz-Mischung zugießen.

Den Topf zudecken und das Curry zum Kochen bringen. Die Fischköpfe einlegen und zugedeckt bei schwacher Hitze 10 Minuten köcheln lassen. Anrichten und servieren.

Garnelen, Fisch und Kochbananen garen hier gemeinsam in Kokosmilch · Basmati-Reis paßt dazu ganz hervorragend

Seafood-Bananen-Curry

Statt des Juwelenbarsches eignen sich auch andere weiß- und festfleischige Fische für dieses Curry (ohne Abbildung).

ZUBEREITUNG

Den Fisch filetieren und die Filets von der Haut befreien. In 2 cm große Stücke schneiden. Die Garnelenschwänze bis auf das Segment mit der Schwanzflosse schälen. Fisch und Garnelen zugedeckt kühl stellen.

Zwiebeln sowie Knoblauch schälen und fein hacken. Chilischoten halbieren, Stielansätze, Samen sowie Scheidewände entfernen und das Fruchtfleisch in dünne Streifen schneiden. Galgant schälen und fein hacken. Zitronengras in dünne Ringe schneiden. Kochbananen schälen und in 2 cm große Stücke schneiden. Paprikaschote halbieren, Samen sowie Scheidewände entfernen und das Fruchtfleisch in 1 cm große Stücke schneiden.

Das Öl in einem Wok erhitzen und Zwiebeln sowie Knoblauch darin anschwitzen. Alle Gewürze unter ständigem Rühren mitbraten, bis sie zu duften beginnen. Mit der Kokosmilch und dem Fond aufgießen. Aufkochen lassen und die Hitze reduzieren. Zuerst die Bananen-, dann die Paprikastücke zufügen. Alles zugedeckt 10 Minuten köcheln lassen. Mit Salz sowie Pfeffer würzen und das gehackte Koriandergrün einstreuen. Die Garnelen 3 Minuten mitköcheln lassen. Den Fisch einlegen und weitere 2 Minuten mitgaren. Mit Koriandergrün garnieren und servieren.

ZUTATEN

1 Juwelenbarsch von etwa 600 g, ausgenommen
12 rohe Garnelenschwänze
100 g Zwiebeln
2 Knoblauchzehen
je 1 rote und grüne Chilischote
5 g frische Galgantwurzel
4 g Zitronengras
600 g feste Kochbananen
150 g rote Paprikaschote
2 EL Erdnußöl
1 TL gemahlene Kurkuma
2 TL edelsüßes Paprikapulver
1/4 TL gemahlene Koriandersamen
1/4 TL gemahlener Kreuzkümmel
400 ml Kokosmilch
200 ml Gemüsefond
Salz, frisch gemahlener Pfeffer
1 TL gehacktes Koriandergrün
Außerdem:
Koriandergrün zum Garnieren

Ein Curry aus der Karibik, das in seiner Heimat mit einem noch höheren Chilianteil zubereitet wird – Steigerungen im Schärfegrad sind also ganz nach Geschmack durchaus möglich

Marlin in Currysauce

ZUTATEN

4 Scheiben Blauer Marlin von je etwa 200 g, 150 g Zwiebeln
1/2 Lampion-Chili, 4 EL Pflanzenöl
150 bis 200 ml Fischfond, Salz

Für die Marinade:
3 Knoblauchzehen
10 g frische Ingwerwurzel
1 Döschen Safranfäden
1 1/2 TL englisches gelbes Senfpulver (6 g), 2 TL Currypulver (8 g)
50 ml Fischfond

Für das Mango-Chutney:
600 g grüne Mangos, 1 TL Salz
25 g frische Ingwerwurzel
1/2 Knoblauchzehe
1/2 TL gehackte Chilischoten ohne Samen, 60 ml Obstessig
250 g brauner Zucker, 1 Kapsel Sternanis, 1 Stück Zimtstange
300 g Zuckermelone

Der Blaue Marlin ist ein Hochseefisch, der im gesamten Atlantik vorkommt und inzwischen auch bei uns zuweilen angeboten wird. Sein festes Fleisch ähnelt dem des Schwertfisches, und so kann man ihn in diesem Rezept auch gut durch letzteren oder gar durch Haifischsteaks ersetzen. Außer dem süßen Mango-Chutney empfehlen sich als Beilage Fried potatoes, in Spalten geschnittene und gebratene Kartoffeln. Dazu 500 g kleine, festkochende Kartoffeln waschen, schälen und längs halbieren. 2 bis 3 EL Öl in einer Pfanne erhitzen und die Kartoffeln einlegen. Salzen, pfeffern und unter mehrmaligem Wenden bei nicht zu starker Hitze 15 bis 20 Minuten braten. Die gebratenen Kartoffelspalten mit 1 EL gehackter Zitronenmelisse bestreut servieren.

ZUBEREITUNG

Zunächst das Mango-Chutney zubereiten. Dazu die Früchte schälen, vom Kern befreien und das Fruchtfleisch in etwa 1 cm große Würfel schneiden. Die Mangos in eine Schüssel legen, mit dem Salz bestreuen und 2 bis 3 Stunden durchziehen lassen.

In der Zwischenzeit die Ingwerwurzel sowie die Knoblauchzehe schälen und beides kleinschneiden. Mit den gehackten Chilischoten in einem Mörser mit etwa 1/3 des Essigs zu einer Paste zerstoßen.

Die gesalzenen Mangos mit dem Zucker, dem Sternanis und dem Zimt sowie einem weiteren Drittel des Essigs etwa 30 Minuten kochen, bis das Chutney eine marmeladenähnliche Konsistenz erreicht hat. Die Melone in Spalten schneiden, von den Kernen befreien und schälen. Das Fruchtfleisch in etwa 1 cm große Würfel schneiden. Die Melonenwürfel mit der Paste aus dem Mörser unter die Mangomasse rühren und den restlichen Essig untermischen. Das Mango-Chutney weitere 20 Minuten leicht köcheln lassen. Entweder noch heiß in sterilisierte Gläser füllen und verschließen oder zur sofortigen Verwendung abkühlen lassen.

Für die Marinade die Knoblauchzehen sowie den Ingwer schälen und fein hacken. Mit den Safranfäden, dem Senfpulver, dem Currypulver und dem Fischfond verrühren.

Die Fischscheiben jeweils von beiden Seiten mit der Marinade bepinseln und in eine entsprechende Form legen. Zugedeckt 2 Stunden im Kühlschrank durchziehen lassen.

Die Zwiebeln schälen und in dünne Ringe schneiden. Die Chilischote von Stielansatz, Samen sowie Scheidewänden befreien und in feine Streifen schneiden, dabei am besten Handschuhe tragen – Lampion-Chilies sind höllisch scharf.

Das Öl in einer entsprechend großen Pfanne erhitzen und die Zwiebelringe darin unter Rühren hellbraun braten. Die Chilistreifen einrühren und mit dem Fischfond aufgießen.

Den marinierten Marlin mitsamt der Marinade zugeben und den Fisch bei reduzierter Hitze 5 Minuten köcheln lassen, dabei immer wieder mit der Flüssigkeit in der Pfanne beschöpfen. Nach Belieben mit Salz abschmecken. Mit dem Chutney anrichten und servieren.

Einfach und schnell in der Zubereitung · Wer keine Papageifische bekommt, kann auf Doraden oder auf Snapper ausweichen · Attraktiv garniert mit frischen Pfefferkörnern

Curry von Papageifischen

ZUTATEN

Für das Curry von Papageifischen:
2 küchenfertige Papageifische von je etwa 500 g
1/2 l Kokosmilch
5 g frische Ingwerwurzel
200 g Zwiebeln, 1 grüne Chilischote
400 g Tomaten
5 g frische Kurkumawurzel
4 EL Pflanzenöl
Salz, 1/2 TL frisch gemahlener schwarzer Pfeffer
6 frische Curryblätter
Für die Würzpaste:
20 g frische Ingwerwurzel
5 Knoblauchzehen
1 grüne Chilischote
Außerdem:
1 kleine frische Pfefferrispe
1 EL gehackte Pfefferminzblätter

Die Fische unter fließendem kaltem Wasser innen wie außen gut waschen und trockentupfen. Jeweils Kopf, Flossen und Schwanz abschneiden. Die Fische filetieren und kleine Gräten mit einer Pinzette entfernen. Die Filets häuten und in etwa 5 cm lange und 2 cm breite Streifen schneiden. Die Fischstücke zudecken und kühl stellen.

Für die Würzpaste die Ingwerwurzel sowie den Knoblauch schälen und beides kleinschneiden. Die Chilischote halbieren, Stielansatz, Samen und Scheidewände entfernen. Ingwer, Knoblauch und Chili im Mixer pürieren, dabei nach Bedarf soviel Wasser zufügen, daß sich das Messer noch leicht dreht und eine glatte Paste entsteht.

Die Kokosmilch mit 100 ml Wasser glattrühren. Den Ingwer sowie die Zwiebeln schälen. Ingwer in feine Streifen, die Zwiebeln in dünne Scheiben schneiden. Die Chilischote halbieren und Stielansatz, Samen sowie Scheidewände entfernen. Die Tomaten blanchieren, häuten und vierteln. Stielansätze sowie Samen entfernen und das Fruchtfleisch würfeln. Kurkuma schälen und fein reiben.

Das Öl in einem Wok erhitzen. Zwiebeln, Ingwer und Chili darin unter Rühren braten, bis die Zwiebeln leicht zu bräunen beginnen. Kurkuma und die Würzpaste einrühren. Alles bei reduzierter Hitze noch 3 bis 4 Minuten braten. Die Kokosmilch einrühren, salzen, pfeffern und alles 5 Minuten köcheln lassen. Die Tomatenwürfel untermischen und noch 10 Minuten mitköcheln lassen, abschmecken.

Die Fischstücke sowie die Curryblätter in das Curry einlegen und bei reduzierter Hitze 5 bis 6 Minuten mitköcheln lassen.

Die Pfefferkörner von der Rispe streifen und grob hacken. Das Curry anrichten, mit Pfefferkörnern und Minze bestreuen und servieren.

ZUTATEN

Für das Southern style fish curry:
300 g Okraschoten
1 EL Zitronensaft
40 g Tamarindenmark
1/4 l Kokosmilch
350 g Tomaten, je 2 frische rote und grüne Chilischoten
10 g frische Ingwerwurzel
6 Knoblauchzehen, 100 g Zwiebeln
5 EL Pflanzenöl
1 1/2 TL Salz, 1 TL Zucker
1 Zweig frische Curryblätter
4 Yellowtail-Steaks von je etwa 200 g
Für die Currypaste:
3 EL gemahlener Koriander
2 EL gemahlener Kreuzkümmel
1 1/2 TL gemahlene Kurkuma
1 TL schwarze Pfefferkörner
8 getrocknete rote Chilischoten
Außerdem:
80 ml Kokosmilch nach Belieben

Eine delikate Kombination: Fisch mit Okra in Tomaten-Kokos-Sauce · Statt mit Scheiben vom Yellowtail auch gut mit kleinen Steaks von Hai-, Schwert- oder weißem Thunfisch

Southern style fish curry

Für die Currypaste Koriander, Kreuzkümmel, Kurkuma, Pfefferkörner und Chilischoten fein zermahlen, 80 ml Wasser zugießen und alles zu einer glatten Paste verrühren.

Die Okraschoten am Stielansatz mit einem scharfen Messer bleistiftförmig zuspitzen, dabei darauf achten, daß das Fruchtfleisch nicht verletzt wird. Bis zur Weiterverwendung in mit Zitronensaft versetztes Wasser legen.

Das Tamarindenmark in einer Schüssel mit 1/8 l Wasser übergießen, durchkneten und 15 Minuten ziehen lassen. Durch ein feines Sieb passieren und den Tamarindensaft beiseite stellen. Die Kokosmilch mit 1/8 l Wasser verrühren.

Die Tomaten blanchieren, häuten, Stielansätze und Samen entfernen, das Fruchtfleisch klein würfeln. Die Chilischoten halbieren, von Stielansätzen, Samen und Scheidewänden befreien. Ingwer, Knoblauch sowie Zwiebeln schälen. Den Ingwer hacken, Knoblauch und Zwiebeln in feine Scheiben schneiden.

Das Öl in einem Wok erhitzen und den Ingwer darin hellbraun braten. Knoblauch 1 Minute mitbraten. Zwiebeln zufügen und mitschwitzen, bis sie weich und glasig sind. Die Currypaste unterrühren und 4 bis 5 Minuten mitbraten. Die Chilies, Tomaten, die gut abgetropften Okras sowie den Tamarindensaft zufügen und die Kokosmilch angießen. Salzen, zuckern, Curryblätter einlegen, alles bei reduzierter Hitze 5 Minuten köcheln lassen.

Die Fischsteaks unter fließendem kaltem Wasser waschen und trockentupfen. In die Sauce einlegen und 6 bis 8 Minuten mitgaren, abschmecken. Nach Belieben mit einem Klecks glattgerührter Kokosmilch servieren.

Erst mariniert, dann im Wok gebraten, ergeben die Schwimmkrabben ein köstliches Essen · Eine euro-asiatische Kreation von Eckart Witzigmann mit Cocktailtomaten und Litchis

Krabbencurry

ZUTATEN

1 kg Schwimmkrabben, tiefgekühlt
5 EL Erdnußöl
1 EL Palmzucker
1 TL thailändische rote Currypaste
800 ml Kokosmilch
6 EL Fischsauce
150 g Cocktailtomaten
350 g Litchis
1 EL Chili-Ketchup
1 Handvoll Thai-Basilikum, Salz
Für die Marinade:
10 g frische Ingwerwurzel
5 junge Knoblauchzehen
20 g rote thailändische Zwiebelchen
3 EL Erdnußöl
1 EL thailändische rote Currypaste
4 EL Kokosmilch
1 grüne Chilischote

Die hier verwendete Pazifische Schwimmkrabbe gehört in den tropischen Gewässern Südostasiens zum täglichen Fang, da sie im Indopazifik weit verbreitet ist. Man kann sie sogar im östlichen Mittelmeerraum antreffen, da diese Krabbenart durch den Suezkanal bis ins Mittelmeer vorgedrungen ist. Mit ihrem lebhaft gesprenkelten Panzer – blauweiß die Männchen, braun-weiß die Weibchen – und den langen schlanken Scheren ist sie unverkennbar. Die Pazifische Schwimmkrabbe zählt zu den wirtschaftlich wichtigsten Krabben, begehrt ist sie ihres schmackhaften Fleisches wegen, wenngleich sie nicht allzu viel davon hat. Es steckt in den Scheren, im Körper und in den Beinchen. Die Pazifische Schwimmkrabbe wird hierzulande nur selten frisch angeboten, in den Handel kommen die Tiere aber gefrostet, meist bereits halbiert und erfreulicherweise einigermaßen erschwinglich. Wichtig ist, sie langsam im Kühlschrank auftauen zu lassen, dann ist kein Qualitätsverlust zu befürchten. Noch ein Tip für die Zubereitung des Gerichts: die Currypaste mit der Kokosmilch sorgfältig verrühren, da sonst keine homogene Verbindung entsteht und die Paste krümelig bleibt.

ZUBEREITUNG

Die Schwimmkrabben langsam im Kühlschrank auftauen lassen, waschen, vierteln und in eine ausreichend große Form legen.

Für die Marinade den Ingwer, Knoblauch sowie die Zwiebelchen schälen und alles fein hacken. In einer Schüssel das Erdnußöl mit der Currypaste glattrühren, die Kokosmilch, den Ingwer, den Knoblauch und die Zwiebeln untermischen. Die Marinade auf den Krabben verteilen. Die Chilischote vom Stielansatz befreien und in dünne Ringe schneiden, dabei die Samen entfernen. Die Krabben damit bestreuen und diese zugedeckt über Nacht im Kühlschrank durchziehen lassen.

Für das Curry das Öl in einer Pfanne oder im Wok erhitzen und die Krabben darin portionsweise anbraten. Anschließend alle Krabben in den Wok setzen, mit dem Palmzucker bestreuen. Die Currypaste einrühren, mit 100 ml Kokosmilch ablöschen. Alles gründlich vermischen. Die Fischsauce einrühren, dann die restliche Kokosmilch unterrühren. So lange köcheln lassen, bis diese etwas eingedickt ist.

Cocktailtomaten waschen und die Stielansätze entfernen. Die Litchis schälen, halbieren, den Kern entfernen. Die Tomaten mit dem Ketchup in den Wok geben, Litchis zufügen und 2 Minuten mitköcheln. Das Basilikum einstreuen, salzen und abschmecken.

Vom Herd nehmen und das Krabbencurry servieren. Nach Belieben Basmati-Reis dazu reichen. Um das delikate Krabbenfleisch aus den Scheren zu bekommen, eignet sich am besten eine Hummergabel.

In der Marinade sollten die Schwimmkrabben über Nacht bleiben, bevor sie portionsweise im Wok angebraten werden. Abgelöscht wird mit Kokosmilch, dann kommen Cocktailtomaten und Litchis mit hinein, und zuletzt bringt eine Handvoll des süßen Thai-Basilikums mit seiner leichten Anisnote den letzten Schliff.

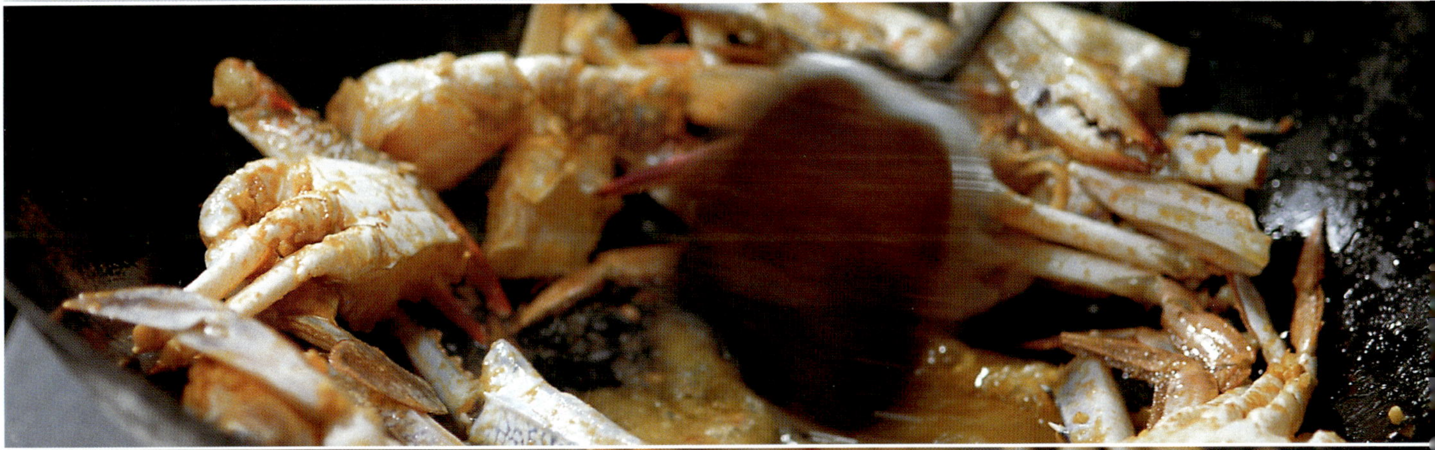

Euro-asiatisch ist diese Curry-Komposition von Eckart Witzigmann · Überzogen von einer interessant gewürzten Tomatensauce · In der Zubereitung etwas aufwendiger

Curry von Kalmar und Gemüse

ZUTATEN

2 Kalmare (insgesamt 500 g)
2 Maiskolben von je etwa 200 g
10 junge Knoblauchzehen
200 g Babymais
100 g Goabohnen (Flügelbohnen)
30 g thailändische rote Zwiebelchen
5 EL Erdnußöl, Salz, 1 EL Ghee
1 TL Garam masala
1/2 TL gemahlene Kurkuma
10 g Butter, 50 ml Geflügelfond

Die Kalmare unter fließendem kaltem Wasser waschen und häuten. Dafür die Kalmare mit einer Hand gut festhalten und mit der anderen die Haut fassen und abziehen. Die Fangarme (Tentakel) aus dem Körperbeutel ziehen und mit einem scharfen Messer knapp über den Augen so abschneiden, daß diese durch einen schmalen Ring verbunden bleiben. Die Kauwerkzeuge mit den Fingern herausdrücken und das transparente Fischbein entfernen.

Den Rumpf jeweils mitsamt den Flossen sowie die Tentakel nochmals sorgfältig waschen. Die Flossen mit einem Griff vom Körper abziehen und schräg im Abstand von etwa 1/2 cm einschneiden. Den Körper jeweils quer in 1/2 cm breite Ringe schneiden, dabei jedoch nicht vollständig durchtrennen, sondern so einschneiden, daß die Ringe am oberen Ende miteinander verbunden bleiben. Die beiden Kalmarkörper in 3 cm breite Stücke schneiden.

Von den Maiskolben Hüllblätter und Fäden entfernen und den Mais in kochendem Wasser 10 bis 15 Minuten garen. Herausnehmen und abkühlen lassen. Die Körner mit einem scharfen Messer abschneiden und beiseite stellen; es sollten etwa 130 g Maiskörner sein.

Knoblauch schälen. Babymaiskölbchen am unteren Ende kreuzweise einschneiden, größere längs halbieren. Goabohnen putzen, diagonal in 3 cm breite Stücke schneiden. Die Zwiebelchen schälen und in Ringe schneiden.

Die Tomaten für die Sauce waschen, vom Stielansatz befreien und in Stücke schneiden. Zwiebel und Knoblauch schälen, Sellerie putzen und alles klein würfeln.

Das Öl erhitzen und alles Gemüse darin anschwitzen, Kurkuma und Currypaste einrühren und 2 bis 3 Minuten mitschwitzen.

Den Thymian einlegen. Tomaten, Tomatenmark, Fond, Nelken, Palmzucker, Garam masala und Salz zufügen und bei reduzierter Hitze 20 Minuten köcheln. Die Sauce durch ein feines Sieb passieren und abschmecken.

In einer Pfanne 2 EL Öl erhitzen, Knoblauch darin unter Rühren hellbraun braten, herausnehmen. 2 weitere EL Öl erhitzen und die Kalmare darin portionsweise 2 Minuten braten, leicht salzen, herausnehmen. 1 EL Öl zufügen, Babymais darin 3 bis 4 Minuten braten. Die Bohnen 2 Minuten mitbraten, Ghee und Zwiebelchen zufügen und mit Garam masala sowie Kurkuma bestauben, leicht salzen.

Maiskörner und Butter einrühren, Knoblauch und Kalmare zufügen, Geflügelfond angießen und alles kurz köcheln lassen. Abschmecken, auf Tellern anrichten, mit der Tomatensauce beträufeln und mit Koriandergrün garnieren.

Für die Tomatensauce:
200 g Flaschentomaten
30 g weiße Zwiebel
1 Knoblauchzehe
20 g Stangensellerie
50 g rote Paprikaschote, gewürfelt
2 EL Erdnußöl
1 Prise gemahlene Kurkuma
1 TL rote Currypaste
2 Thymianzweige
1 EL Tomatenmark
150 ml Geflügelfond
2 Gewürznelken
1 TL Palmzucker
1 TL Garam masala, Salz
Außerdem:
Koriandergrün zum Garnieren

ZUTATEN

20 Austern (etwa Belons)
3 EL halbsteif geschlagene Sahne
1 EL gehacktes Koriandergrün
Für die Miesmuscheln:
2 EL Pflanzenöl
60 g Stangensellerie, fein gewürfelt
80 g Schalotten, fein gehackt
1 Knoblauchzehe, fein gehackt
1 kg Miesmuscheln, gewaschen und von Bärten befreit, 200 ml Weißwein
1 Thymianzweig, 1 Lorbeerblatt
1 Petersilienstengel
Für die Curry-Würzmischung:
10 g Butter
3 junge Knoblauchzehen, fein gehackt
je 50 g weiße Zwiebel, Stangensellerie und Apfel, alles geputzt oder geschält und fein gewürfelt
1 Prise gemahlener Safran
1 Lorbeerblatt
1 TL mildes Madras-Currypulver
Für den Fenchel in Tempura-Teig:
400 g Fenchel
1 Eiweiß, 1/4 TL Salz
200 ml Eiswasser
50 g Reismehl, 50 g Weizenmehl
Außerdem:
Pflanzenöl zum Fritieren
1 EL geschälte Sesamsamen
Thymianzweige zum Garnieren

Ein exquisites Seafood-Gericht, bei dem auch Miesmuscheln mit im Spiel sind · Den Fenchel bäckt Witzigmann in Tempurateig aus

Austern-Stew mit Fenchel

Zunächst für die Miesmuscheln das Öl erhitzen, das Gemüse darin farblos anschwitzen. Die Muscheln zufügen, mit Wein ablöschen, Kräuter einlegen und die Muscheln zugedeckt 6 bis 8 Minuten garen. Herausnehmen, geschlossene Muscheln entfernen. Die Kochflüssigkeit durch ein Sieb passieren und beiseite stellen, die Muscheln auslösen.

Für die Curry-Würzmischung die Butter zerlassen, den Knoblauch und die Zwiebel darin hell anschwitzen. Stangensellerie, Apfel, Safran, Lorbeer sowie Currypulver zufügen und alles unter Rühren bei reduzierter Hitze 10 Minuten mitdünsten.

Den Fenchel putzen und längs in dünne Scheiben schneiden. Bis zur weiteren Verwendung in kaltes Wasser legen. Für den Teig Eiweiß, Salz und die Hälfte des Eiswassers mit 1 EL Reismehl verrühren. Nach und nach restliches Mehl unterrühren, 1 Stunde quellen lassen. Dann das restliche Eiswasser einrühren.

Die Austern öffnen und die in den Schalen enthaltene Flüssigkeit in den Muschelfond gießen. Die unteren Schalenhälften waschen und trocknen. Den Muschel-Austern-Fond (es sollte sich 1/2 l Flüssigkeit ergeben, ansonsten mit Fischfond auffüllen) in einer Kasserolle mit der Curry-Würzmischung 5 Minuten köcheln lassen. Mit dem Pürierstab durchmixen.

Das Öl zum Fritieren auf 180 °C erhitzen. Den Fenchel trockentupfen, in den Tempurateig tauchen, überschüssigen Teig ablaufen lassen. Mit Sesam bestreuen und goldgelb fritieren. Herausheben, auf Küchenpapier entfetten und auf Tellern anrichten.

Das Miesmuschelfleisch in der Curry-Sauce erwärmen. Das Austernfleisch ebenfalls einlegen und darin gar ziehen lassen. Die halbsteif geschlagene Sahne sowie das Koriandergrün unterziehen und abschmecken.

Je 5 Austernschalen auf dem fritierten Fenchel anrichten, das Muschelragout darin verteilen. Mit Thymian garnieren und sofort servieren.

Luxuriös · Mit einer eigens gekochten, apart gewürzten Hummersauce und einer Pilz-Gemüse-Füllung · Für die Zubereitung muß man sich allerdings genügend Zeit nehmen

Gratinierter Curry-Hummer

Die Hummer nacheinander in mit Cayennepfeffer gewürztem Wasser jeweils 2 Minuten kochen, herausnehmen, die Scheren entfernen und die Hummer weitere 8 Minuten kochen. Herausheben, die Hummer längs halbieren, auslösen und das Schwanzfleisch in 1,5 cm große Stücke schneiden. Die Scheren anknacken und das Fleisch herausnehmen. Die halbierten Hummerschalen gut waschen.

Die Karkassen für die Hummersauce in 2 EL erhitztem Öl portionsweise leicht Farbe nehmen lassen. Mit Palmzucker bestreuen, die Currypaste unterrühren und kurz mitschwitzen. Alles herausnehmen. 1 weiteren EL Öl erhitzen, Möhre, Sellerie, Lauch, Schalotten, Knoblauch, Tomaten, Lorbeer und Ingwer darin andünsten. Das Tomatenmark unterrühren und 2 Minuten ziehen lassen. Die Karkassen untermischen, Fischsauce, Zitronengras und Ketchup einrühren. Mit 300 ml Wasser und der Kokosmilch aufgießen. Alles unter gelegentlichem Rühren 20 Minuten köcheln lassen. Durch ein mit einem Passiertuch ausgelegtes Sieb laufen lassen, noch etwas einkochen lassen und abschmecken.

Die Butter für das Gemüse zerlassen, die Pilze darin kurz braten. Mit Zitronensaft und Wein ablöschen, mit Currypulver würzen und etwas einkochen lassen. Spinat zufügen und zusammenfallen lassen. Salzen und pfeffern.

Für die Sauce hollandaise die geklärte Butter schmelzen und leicht abkühlen lassen. Eigelbe in einer Schüssel mit 50 ml Wasser auf einem heißen Wasserbad aufschlagen, bis die Spuren des Schneebesens gut erkennbar sind. Die Schüssel aus dem Wasser nehmen. Die Butter erst tropfenweise unterschlagen, dann in dünnem Strahl einrühren. Mit Zitronensaft, Salz und Pfeffer würzen.

Butter und Öl erhitzen, das Hummerfleisch darin anbraten. 6 EL Hummersauce zufügen, die Hummerscheren einlegen, alles durchschwenken. Die halbierten Hummerschalen auf feuerfesten Platten anrichten, mit dem Gemüse füllen und das Hummerfleisch auflegen. Mit der restlichen Hummersauce beträufeln, mit der Sauce hollandaise überziehen und mit Currypulver bestauben. Bei 250 °C im vorgeheizten Ofen nach Sicht goldgelb gratinieren. Mit Wasserspinat garniert servieren.

ZUTATEN

2 Hummer von je etwa 600 g
1 Prise Cayennepfeffer
20 g Butter, 2 EL Pflanzenöl
Für die Hummersauce:
500 g Hummerkarkassen
3 EL Pflanzenöl, 1 TL Palmzucker
1 TL rote Currypaste
je 50 g Möhre, Stangensellerie, Lauch und Schalotten, geschält beziehungsweise geputzt und in kleine Stücke geschnitten
2 angedrückte Knoblauchzehen
100 g Tomaten, in kleine Stücke geschnitten, 1 Lorbeerblatt
5 g frische Ingwerwurzel, geschält und kleingeschnitten
20 g Tomatenmark
3 EL Fischsauce, 5 g Zitronengras
2 EL Chiliketchup
300 ml Kokosmilch
Für das Gemüse:
20 g Butter, 250 g kleine Champignons, geputzt und geviertelt
Saft von 1/2 Zitrone
80 ml Weißwein
2 Messerspitzen Currypulver
500 g Wasserspinat, verlesen und von den Stengeln gezupft
Salz, frisch gemahlener Pfeffer
Für die Sauce hollandaise:
120 g geklärte Butter
2 Eigelbe, 1 TL Zitronensaft
Salz, frisch gemahlener Pfeffer
Außerdem:
Currypulver zum Bestreuen
Wasserspinat zum Garnieren

Die gefüllten Hummerschalen überzieht Eckart Witzigmann mit einer schaumigen Hollandaise, bevor sie in den Ofen wandern. Bestreut mit Currypulver und mit Wasserspinat garniert, kommen die Krustentiere dann im Duft wie im Aussehen gleichermaßen appetitlich auf den Tisch.

Unkompliziert und ausgesprochen delikat · Die Würzung bringt den Eigengeschmack der Garnelen perfekt zur Geltung · Basmati-Reis empfiehlt sich als Beilage dazu

Curry von Riesengarnelen

Scharf und mit einer leicht säuerlichen Note, so liebt man Garnelen in Kerala, an der Südwestküste Indiens – eine Region, die für ihre raffinierten Rezepte mit Fisch und Meeresfrüchten berühmt ist. Kein Wunder, bietet der Indische Ozean doch alles täglich frisch, was das Herz von Seafood-Fans entzückt. Das im folgenden angegebene Rezept rundet nun das Kerala-Garnelen-Curry mit einem kräftigen Schuß Kokosmilch ab, die einerseits gerade mit dem etwas süßlichen Garnelenfleisch geschmacklich besonders gut harmoniert, andererseits für eine cremig-würzige Sauce sorgt, die sich mit dem körnigen Basmati-Reis aufs Köstlichste verbindet.

In der auf Seafood abgestimmten Würzpaste marinieren noch die Garnelen, während im Wok schon Gewürze und Zwiebeln brutzeln. Schließlich kommen auch die Krustentiere mitsamt der Paste hinzu. Kokosmilch und Tamarindenwasser mit seiner angenehmen Säure vervollständigen das Gericht.

ZUBEREITUNG

Die Garnelenschwänze bis auf das letzte Segment mit den Schwanzflossen schälen. Mit einem scharfen Messer entlang der Rückseite aufschneiden, den Darm mit der Messerspitze anheben und vorsichtig herausziehen. Die geschälten Garnelenschwänze waschen und gut abtropfen lassen.

Für die Würzpaste die getrockneten Chilischoten von Stielansätzen und Samen befreien. Die Ingwerwurzel sowie die Knoblauchzehen schälen und würfeln.

Chilischoten, Ingwer und Knoblauch mit dem Pfeffer, der Kurkuma sowie dem Kreuzkümmel im Mörser zu einer feinen Paste zerreiben. Das Öl unterrühren.

Den Reis kalt abspülen, in einer Schüssel mit kaltem Wasser bedecken und 30 Minuten stehenlassen. Die Garnelenschwänze in einer Schüssel mit der Würzpaste mischen und alles 20 Minuten durchziehen lassen.

Inzwischen die Zwiebeln schälen, halbieren und in feine Ringe schneiden. Die grünen Chilischoten halbieren, Stielansätze, Samen und Scheidewände entfernen. Die Tamarindenpaste mit 50 ml Wasser verrühren.

Den Reis abseihen und abtropfen lassen. In einen Topf schütten, salzen und mit 1/2 l Wasser aufgießen. Aufkochen lassen, die Hitze reduzieren und den Reis 15 Minuten köcheln lassen, bis er die Flüssigkeit vollständig aufgenommen hat.

Das Pflanzenöl in einem Wok erhitzen. Die Senfsamen, die Nelken, den Kardamom und den Zimt darin 1 Minute braten. Die Zwiebeln und die Chilischoten unter Rühren 4 bis 5 Minuten mitschwitzen. Die Curryblätter einlegen und ebenfalls kurz mitbraten.

Die Garnelen zufügen und leicht Farbe nehmen lassen. Mit dem Tamarindenwasser und der Kokosmilch ablöschen. Alles zum Kochen bringen und bei reduzierter Hitze 5 Minuten köcheln lassen. Salzen.

Zum Servieren den Reis in Schälchen füllen und die Riesengarnelen darauf anrichten.

ZUTATEN

800 g rohe Riesengarnelenschwänze (Größe 16/20)
120 g Zwiebeln, 2 grüne Chilischoten
10 g Tamarindenpaste
2 EL Pflanzenöl
1/2 TL schwarze Senfsamen
4 Gewürznelken
4 grüne Kardamomkapseln
5 cm Zimtstange
1 Zweig frische Curryblätter
1/4 l Kokosmilch, Salz
Für die Würzpaste:
2 getrocknete rote Chilischoten
15 g frische Ingwerwurzel
4 Knoblauchzehen
1 TL schwarze Pfefferkörner (3 g)
1/2 TL gemahlene Kurkuma (2 g)
1 TL Kreuzkümmel (4 g)
3 EL Pflanzenöl
Außerdem:
250 g Basmati-Reis, Salz

ZUTATEN

8 Jakobsmuscheln
2 EL Erdnußöl, 1/2 TL Puderzucker
1/4 TL Madras-Currypulver, Salz
je 25 g Fruchtfleisch von roter und grüner Paprikaschote, in feine Streifen geschnitten
frisch gemahlener Pfeffer

Für das Gemüse:
je 100 g Fruchtfleisch von gelber, grüner und roter Paprikaschote
50 g Schalotten
4 junge Knoblauchzehen
2 g frische Ingwerwurzel
150 g Erbsen in der Schote
100 g thailändischer grüner Spargel
80 g Bohnensprossen
100 g Pioppini-Pilze, 3 EL Erdnußöl
1/2 TL mildes Madras-Currypulver
3 bis 4 EL helle Sojasauce
Salz, frisch gemahlener Pfeffer
1 EL abgezupfte Korianderblättchen

Für die Sauce:
1/4 l Sahne, 1 TL grüne Currypaste
4 cm Zitronengras
Salz, frisch gemahlener Pfeffer
2 EL halbsteif geschlagene Sahne

Außerdem:
Korianderblättchen zum Garnieren

Zweimal gebratene Jakobsmuscheln · Einmal mit Gemüse, einmal mit Risotto kombiniert · Mildes Madras-Curry bringt Würze und Farbe

In verschlungenen Pandanblättern richtet Eckart Witzigmann den goldgelben Risotto mitsamt den gebratenen Muscheln und den grünen Spargelspitzen dekorativ an.

Curries mit Muscheln

Beide Rezepte verlangen ausgelöste Jakobsmuscheln. Dazu hält man die Muscheln mit der flachen Schale nach oben fest, durchtrennt den Schließmuskel an der Innenseite mit einem starken Messer und hebt die Schale ab. Anschließend löst man ringsum den grauen Mantelrand und zieht diesen vom weißen Muskelfleisch, Nüßchen genannt, und vom orangefarbenen Rogen (Corail) ab.

MUSCHELN AUF GEMÜSE-CURRY

Die Jakobsmuscheln in Nüßchen und Corail trennen, bis zur weiteren Verwendung kühl stellen. Für das Gemüse das Paprikafruchtfleisch in 2 cm große Rauten schneiden. Schalotten, Knoblauch sowie Ingwer schälen und in feine Scheiben schneiden. Die Erbsen auspalen. Spargel putzen und in 5 cm lange Stücke schneiden. Bohnensprossen verlesen, die Pilze putzen und die Stiele etwas kürzen.

Das Öl in einem Wok erhitzen. Paprika, Schalotten, Knoblauch, Ingwer, Erbsen und Spargel darin 4 bis 5 Minuten unter ständigem Rühren braten. Bohnensprossen und Pilze zufügen und 1 Minute mitbraten. Mit Currypulver, Sojasauce, Salz und Pfeffer würzen, die Korianderblättchen einstreuen.

Sahne und Currypaste für die Sauce verrühren. Das Zitronengras in feine Scheiben schneiden. Alles in einer Kasserolle aufkochen, 4 bis 5 Minuten köcheln lassen. Würzen und mit dem Pürierstab aufmixen.

Das Öl für die Muscheln erhitzen, Zucker einstreuen und karamelisieren lassen. Nüßchen und Corail einlegen, mit Currypulver bestreuen, leicht salzen und von jeder Seite 1 bis 2 Minuten braten. Die Paprikastreifen zufügen, ganz kurz mitbraten und pfeffern. Das Gemüse auf Tellern anrichten und die gebratenen Muscheln darauf arrangieren. Die Sahne unter die Sauce rühren und das Gemüse sowie die Muscheln damit beträufeln. Nach Belieben mit Korianderblättchen garnieren und sofort servieren.

CURRY-RISOTTO

Spargel putzen, die Spitzen in 10 cm Länge abschneiden und beiseite stellen. Den unteren Teil der Stangen in kleine Stücke schneiden. 3 EL Öl in einer Kasserolle erhitzen, die Spargelstücke, Schalotten, den Ingwer und das Kaffir-Limettenblatt darin anschwitzen. Currypulver kurz mitschwitzen, mit 1 l Geflügelbrühe aufgießen und bei reduzierter Hitze 20 Minuten köcheln lassen. Die Brühe durch ein feines Sieb passieren, 3/4 l beiseite stellen.

Für die Curry-Würzmischung Butter zerlassen. Knoblauch und Zwiebel darin hell anschwitzen. Apfel, Sellerie, Safran, Lorbeerblatt und Currypulver zufügen und alles unter Rühren bei reduzierter Hitze 10 Minuten dünsten.

Für den Risotto das Erdnußöl in einem Topf erhitzen und den Reis darin glasig schwitzen. Mit Wein ablöschen und diesen einkochen lassen. Die Curry-Würzmischung unterrühren, den beiseite gestellten Spargelfond angießen, Kaffir-Limettenblatt sowie die Chilies zufügen und alles etwa 18 bis 20 Minuten bei reduzierter Hitze unter Rühren köcheln lassen.

Die Muscheln auslösen. Nüßchen und Corail trennen, Corail anderweitig verwenden. Restliches Erdnußöl in einer Pfanne erhitzen, die Nüßchen darin von jeder Seite 2 Minuten braten. Chilies und Butter zufügen, alles mit Kurkuma bestauben und 1 Minute mitbraten. Das Muschelfleisch herausnehmen, die Spargelspitzen einlegen und 3 bis 4 Minuten braten. 100 ml Geflügelfond angießen und 1 Minute köcheln lassen. Das Muschelfleisch wieder einlegen und alles leicht salzen.

Den Risotto fertigstellen, dafür die Butter unter den Reis rühren, Parmesan und Sahne unterziehen, abschmecken. Die Pandanblätter zu großen Schleifen formen, auf Teller legen. Den Reis einfüllen, mit Spargelspitzen und Jakobsmuscheln belegen und mit dem Bratfond beträufeln. Mit fritiertem Basilikum garnieren.

ZUTATEN

500 g thailändischer grüner Spargel
5 bis 6 EL Erdnußöl
30 g Schalotten, geschält und kleingeschnitten
2 g frische Ingwerwurzel, geschält und kleingeschnitten
1 Kaffir-Limettenblatt
1 EL mildes Madras-Currypulver
1,1 l Geflügelbrühe
8 Jakobsmuscheln
gehacktes Fruchtfleisch von je 1/2 roten und grünen Chilischote
20 g Butter
1 Messerspitze gemahlene Kurkuma
Salz
Für die Curry-Würzmischung:
10 g Butter
1 Knoblauchzehe, geschält und fein gewürfelt, je 50 g weiße Zwiebel, Apfel und Stangensellerie, alles geschält oder geputzt und klein gewürfelt, 1 Prise Safranpulver
1/2 Lorbeerblatt
1 TL mildes Madras-Currypulver
Für den Risotto:
3 EL Erdnußöl, 200 g Rundkornreis
100 ml Weißwein
1 Kaffir-Limettenblatt
gehacktes Fruchtfleisch von je 1/2 roten und grünen Chilischote
50 g Butter, in Stücken
20 g frisch geriebener Parmesan
2 EL halbsteif geschlagene Sahne
Außerdem:
4 Pandanblätter
fritierte Basilikumblätter

ZUTATEN
240 g Langkornreis, Salz
150 g kleine, rohe Garnelenschwänze, 2 Knoblauchzehen
20 g Schalotte, 5 g Zitronengras
100 g Hähnchenfleisch
50 g Schweinefleisch
1 EL Koriandergrün, 1 frische rote Chilischote, 3 EL Pflanzenöl
1 TL Currypulver für Schweinefleisch
1 Ei, abgeriebene Schale von 1/2 Limette, 1 1/2 TL Zucker
1 EL Fischsauce, weißer Pfeffer
Für das Currypulver:
5 getrocknete rote Chilischoten
1 TL Koriandersamen
1/2 TL schwarze Pfefferkörner
3 grüne Kardamomkapseln
2 cm Zimtrinde, 4 Gewürznelken
1 TL Fenchelsamen, 1 Kapsel Sternanis, 1 TL Kreuzkümmel
1/4 TL frisch geriebene Muskatnuß
2 TL gemahlene Kurkuma
Außerdem:
Pflanzenöl zum Fritieren
einige getrocknete Fischchen

Gebratener Reis mit Garnelen, Hähnchen und Schweinefleisch · Praktisch: Der Reis und die Würzmischung lassen sich im voraus zubereiten · Angerichtet mit fritierten Fischchen

Fried curry rice

Dieses Rezept gelingt nur dann richtig gut, wenn der Reis dafür bereits am Vortag gekocht wurde. Deshalb gilt es, hier vor der Zubereitung des eigentlichen Gerichts schon an das Reiskochen zu denken. Zudem ist natürlich das richtige Currypulver von Bedeutung – es sollte in diesem Fall auf Schweinefleisch abgestimmt sein. Solche Currymischungen gibt es zwar fertig zu kaufen, doch ist auch das Selbermachen kein Problem – zumal das hier angegebene Rezept mehr ergibt als die Menge, die gebraucht wird. Was übrigbleibt, hält sich einige Wochen, aufbewahrt in einem fest verschlossenen Schraubglas. Die getrockneten Fischchen sind übrigens in gut sortierten Asienläden als »silver fishes« erhältlich. Dann am besten zu filetierten greifen, ansonsten muß man den Kopf noch entfernen.

ZUBEREITUNG

Am Vortag den Langkornreis waschen, bis das Wasser klar abläuft. In einem Sieb abtropfen lassen. In einem Topf 1/2 l leicht gesalzenes Wasser zum Kochen bringen, den Reis zuschütten und im geschlossenen Topf bei geringer Hitze etwa 20 Minuten garen. Vom Herd nehmen und auskühlen lassen.

Für das Currypulver Chilies, Koriandersamen, Pfefferkörner, Kardamom, Zimt, Nelken, Fenchel, Sternanis und Kreuzkümmel in einer Pfanne ohne Zugabe von Fett anrösten, bis die Gewürze zu duften beginnen. Die Mischung auskühlen lassen.

Die gerösteten Gewürze in einem Mörser oder in einer Kaffeemühle zu einem feinen

Pulver zermahlen. Die geriebene Muskatnuß und die gemahlene Kurkuma untermischen.

Die Garnelenschwänze schälen und entlang der Rückseite mit einem scharfen Messer aufschneiden. Den Darm entfernen, die Garnelenschwänze waschen und abtropfen lassen.

Die Knoblauchzehen sowie die Schalotte schälen und beides fein würfeln. Das Zitronengras waschen, trockentupfen und in dünne Ringe schneiden.

Das Hähnchen- wie das Schweinefleisch in etwa 1 cm große Würfel schneiden. Das Koriandergrün hacken. Die Chilischote in dünne Ringe schneiden, dabei nach Belieben die Samen entfernen.

Das Öl in einem Wok erhitzen. Die Schalotten- und die Knoblauchwürfel, das Zitronengras und das Currypulver darin unter ständigem Rühren 1 bis 2 Minuten anbraten. Das Schweine- sowie das Hähnchenfleisch zufügen und 2 Minuten unter Rühren braten. Garnelen zufügen und 1 weitere Minute mitbraten. Das Ei verquirlen. Den Inhalt des Woks zum Rand schieben, das Ei zugießen, kurz stocken lassen und mit dem restlichen Wokinhalt vermischen. Den gekochten Reis zufügen, unter ständigem Rühren 5 Minuten mitbraten, bis alle Zutaten heiß sind und duften.

Limettenschale, Koriandergrün, Zucker sowie Chiliringe unterrühren. Den Curryreis mit der Fischsauce und frisch gemahlenem Pfeffer würzen, nach Belieben salzen und alles noch 1 bis 2 Minuten unter Rühren braten.

Parallel dazu das Öl zum Fritieren erhitzen, die Fischchen kurz darin fritieren, abtropfen lassen. Den gebratenen Reis in Schälchen verteilen und die Fischchen darauf anrichten.

Sobald die würzenden Zutaten im Wok angebraten sind, kommen Fleisch und Garnelen hinzu. Wenn man das Ei zugießt und stocken läßt, braucht man den Wokinhalt nicht herauszunehmen; es genügt, ihn an den Rand zu schieben, wo er gleichzeitig noch warm gehalten wird. Zuletzt mischt man dann den Reis unter.

Laksa-Blätter, malaiisch »daun kesom«, sind in Singapur zum Bestreuen für das Laksa lekam obligatorisch. Hierzulande, wo sie kaum zu bekommen sind, darf man sie aber auch weglassen. Wer Glück hat, findet aber vielleicht wenigstens konservierte Fish cakes in einem gutsortierten Asienladen. Ansonsten kann man sie auch durch gebratene Fischfilets ersetzen, die man in mundgerechte Stücke teilt.

Für 8 Portionen · Reisnudeln mit reichlich Kokossauce, die in Violet Oons Originalrezept höllisch scharf gewürzt wird · In Singapur ist dieses Gericht ausgesprochen populär

Singapore laksa lekam

Als Beilage reicht man in der südostasiatischen Metropole dazu einfach geschälte, in feine Streifen geschnittene Salatgurke und frische rote, zerstoßene Chilischoten.

ZUBEREITUNG

Die getrockneten Garnelen 15 Minuten in warmem Wasser einweichen. Für die Würzpaste den Galgant und die Kurkuma schälen. Galgant, Kurkuma und Zitronengras in Scheiben schneiden. Die Chilischoten kleinschneiden. Schalotten sowie Knoblauch schälen und grob zerkleinern. Kemiri-Nüsse, Galgant, Kurkuma, Zitronengras, Chilies, Schalotten, Knoblauch und die Garnelenpaste im Mixer zu einer glatten Paste verarbeiten. Den Pfeffer unterrühren.

Garnelen abgießen, gut abtropfen lassen und im Mörser zerstoßen. Das Kokosfleisch mit 3/4 l Wasser übergießen und in mehreren Portionen nacheinander in ein Passiertuch füllen. Das Tuch zusammendrehen und alle Flüssigkeit aus dem Kokosfleisch herauspressen. Die so entstandene dicke Kokosmilch beiseite stellen.

Das ausgepreßte Kokosfleisch mit etwa 2 l Wasser übergießen, gut durchkneten, die Masse portionsweise in ein Tuch füllen und ein zweites Mal auspressen. Die entstehende dünne Kokosmilch ebenfalls auffangen und beiseite stellen, die Kokosraspel wegwerfen.

Den Wok erhitzen, das Öl zugießen und heiß werden lassen. Weiterverfahren, wie in den ersten vier Bildern der Folge gezeigt. Die Sauce mit der dicken Kokossauce noch einmal 3 Minuten kochen lassen.

Inzwischen die Nudeln in kochendem Wasser garen, abgießen und abtropfen lassen. Die Laksa-Blätter kleinschneiden. Die Garnelen schälen. Zum Servieren jeweils eine Portion Bohnensprossen in Schälchen oder tiefe Teller verteilen. Die Nudeln darauf anrichten und weiterverfahren, wie auf dem letzten Bild der Folge gezeigt. Mit Garnelen und Fish cakes belegen, mit den Laksa-Blättern garnieren.

Die Würzpaste und die zerstoßenen Garnelen im Wok 6 bis 8 Minuten unter ständigem Rühren braten.

Den gemahlenen Koriander 1/2 Minute mitbraten, bis die gesamte Mischung duftet und knusprig ist.

Die dünne Kokosmilch zugießen. Die Sauce 20 Minuten bei starker Hitze kochen lassen, gelegentlich rühren.

Dann die dicke Kokosmilch zugießen und salzen. Die Sauce unter Rühren noch einmal zum Kochen bringen.

Die Nudeln und das rohe Muschelfleisch mit Sauce übergießen. Diese muß kochen, um die Muscheln zu garen.

ZUTATEN

80 g getrocknete Garnelen
800 g frisch geraspeltes Kokosfleisch
6 EL Pflanzenöl
3 bis 4 EL Koriandersamen, ohne Fettzugabe geröstet und gemahlen
2 1/2 bis 3 TL Salz
Für die Würzpaste:
100 g frische Galgantwurzel
1 daumenlanges Stück frische Kurkumawurzel
3 Stengel Zitronengras (nur der untere Teil)
10 getrocknete Chilischoten, ohne Stielansatz und Samen
200 g Schalotten
5 Knoblauchzehen
5 Kemiri-Nüsse
1 1/2 EL getrocknete Garnelenpaste (Belacan)
1 EL frisch gemahlener weißer Pfeffer
Außerdem:
1 kg Bihun-Reisnudeln, ersatzweise Rice vermicelli
1 Handvoll Laksa-Blätter
300 g mittelgroße gekochte Garnelen
200 g blanchierte Bohnensprossen
100 g ausgelöstes Muschelfleisch
2 große Fish cakes, in mundgerechte Stücke zerteilt und kurz in Pflanzenöl fritiert

Eine Fülle würziger Zutaten, wie Knoblauch, Zitronengras und Chilischoten, verleiht beim Laksa lekam der Kokossauce Geschmack. Und von dieser gibt's pro Portion eine solche Menge, daß das fertige Gericht fast wie eine Nudelsuppe wirkt.

Curries mit Fleisch

Jede Menge Würze vertragen sie in der Regel, die Curries mit Fleisch; vor allem ein großzügiger Chilianteil, den man aber ganz nach Geschmack selbst »regulieren« kann, spielt hier eine Rolle – besonders bei Rezepten aus Südostasien oder aus der Karibik.

Dabei kommen nicht nur gewürfelte Fleischstücke für die Zubereitung in Frage, sondern auch Koteletts oder Haxen, die dann im ganzen in der Sauce schmoren. Und die Palette der Fleischsorten reicht von Lamm über Rind, Schwein und Zicklein bis hin zu Wild wie etwa Reh oder Känguruh.

Ein Leckerbissen für alle Liebhaber von Lammfleisch · Zarte Koteletts in einer duftenden, sämigen, chilischarfen Sauce · Serviert mit knusprigen Chapatis

Lammkoteletts in Joghurt-Curry-Sauce

Zunächst die Chapatis vorbereiten: Das Mehl sieben und eine Mulde in die Mitte drücken. 75 bis 80 ml lauwarmes Wasser zugießen, nach Belieben salzen. Zu einem glatten Teig verrühren, dabei Öl oder Ghee einarbeiten. Mindestens 8 bis 10 Minuten kneten; der Teig wird so elastischer. Zu einer Kugel formen, in Folie wickeln und 1 Stunde ruhen lassen.

Aus den Knochen einen Fond herstellen. Dafür die Knochen in einem Topf mit 1 l kaltem Wasser bedecken. Knoblauch halbieren und zufügen. Zum Kochen bringen, die Hitze reduzieren und die Knochen 30 Minuten köcheln lassen, dabei wiederholt den Schaum abschöpfen. Die Brühe durch ein feines Sieb gießen, 800 ml abmessen und beiseite stellen.

Aus dem Teig 12 Kugeln von je 16 g formen, auf einer leicht bemehlten Arbeitsfläche zu dünnen Fladen von 15 cm Durchmesser ausrollen. In einer stark erhitzten Pfanne ohne Zugabe von Fett backen, bis sich braune Flecken zeigen, dann wenden und von der anderen Seite ebenfalls bräunen.

Für das Curry die Rippenknochen der Koteletts sauber abschaben. Schalotten schälen und fein hacken. Ingwer- und Kurkumawurzel schälen, fein reiben. Das Chilipulver mit 50 ml Wasser anrühren. Die Hälfte des Öls oder des Ghees in einem entsprechend großen Topf erhitzen, die Schalotten darin unter Rühren goldbraun braten. Die Nelken, den braunen und grünen Kardamom, die Lorbeerblätter sowie die Muskatblüte 1 bis 2 Minuten mitbraten. Fenchel, Koriander, Ingwer, Kurkuma sowie das angerührte Chilipulver zufügen und 2 Minuten unter ständigem Rühren mitbraten. Die Lammbrühe zugießen, alles zum Kochen bringen und 10 Minuten bei nicht zu starker Hitze köcheln lassen.

Die Lammkoteletts salzen und pfeffern. Restliches Öl oder Ghee in einer Pfanne erhitzen und die Koteletts darin von jeder Seite 1 Minute anbraten. Das Fleisch zu der Currymischung in den Topf legen und bei mittlerer Hitze 12 bis 15 Minuten mitschmoren. 2 bis 3 Minuten vor Ende der Garzeit Lorbeerblätter, Kardamomkapseln, Muskatblüte und Nelken entfernen. Den glattgerührten Joghurt unter die Currysauce mischen, mit Salz abschmecken. Die Lammkoteletts in der Sauce mit den Chapatis servieren.

ZUTATEN

Für das Curry:
300 g Lammknochen, in Stücke gehackt
3 Knoblauchzehen, geschält
8 Lammkoteletts, je etwa 60 bis 80 g, mit langen Rippenknochen
250 g Schalotten
je 5 g frische Ingwer- und Kurkumawurzel
2 TL Chilipulver
4 EL Pflanzenöl oder 30 g Ghee
3 Gewürznelken
2 schwarze Kardamomkapseln
4 grüne Kardamomkapseln
2 Lorbeerblätter, 1 Muskatblüte
je 1 TL gemahlene Fenchel- und Koriandersamen
Salz, frisch gemahlener Pfeffer
100 g Naturjoghurt (3,5 % Fett)
Für die Chapatis:
125 g Chapati Ata (Weizenschrotmehl)
Salz nach Belieben
1 TL Ghee oder Pflanzenöl

Sollen die langen Rippenknochen am Lammkotelett verbleiben, wie es dieses Rezept vorsieht, sollte man dies dem Fleischer beim Bestellen gleich mitteilen, denn üblicherweise werden sie abgeschnitten.

ZUTATEN

1 Zickleinkeule von etwa 1,2 kg
Salz, frisch gemahlener Pfeffer
8 längliche, festkochende Kartoffeln
8 Scheiben geräucherter, durchwachsener Speck
10 junge Knoblauchzehen, geschält
grobes Meersalz
1 EL Schwarzkümmel
350 bis 400 ml Kalbsfond, ersatzweise Wasser
200 g Datteln
200 g Spinat, geputzt
125 g Schafmilchjoghurt

Für die Currymischung:
1/2 TL Kreuzkümmel
1/2 TL Bockshornkleesamen
1/2 TL Fenchelsamen
1/2 TL gemahlene Kurkuma
1/2 TL Koriandersamen
5 EL Erdnußöl
6 grüne Kardamomkapseln
6 Gewürznelken
1 Stück Zimtrinde (5 cm)
4 Lorbeerblätter
3 Knoblauchzehen, geschält
Saft von 1/2 Kaffir-Limette

Außerdem:
Zahnstocher zum Fixieren

Eine Curry-Kreation von Eckart Witzigmann · Abgerundet mit Datteln und Spinat · Leicht nachzukochen, jedoch sollte man genügend Zeit für die Marinade einkalkulieren

Zicklein mit Speckkartoffeln

Die Zickleinkeule quer in etwa 3 cm dicke Scheiben sägen, diese unter fließendem kaltem Wasser waschen und gut trockentupfen.

Für die Currymischung Kreuzkümmel, Bockshornklee, Fenchel, Kurkuma und Koriander im Mörser grob zerstoßen. Das Öl in einer Pfanne erhitzen. Die zerstoßenen Gewürze, Kardamom, Nelken, Zimtrinde, Lorbeer und die Knoblauchzehen zufügen und kurz rösten, bis die Gewürze zu duften beginnen.

Vom Herd stellen und die Gewürze zusammen mit dem Limettensaft im Mörser zu einer Paste zerreiben.

Die Zickleinscheiben leicht salzen und pfeffern, mit der Currypaste bestreichen und in einer flachen Form zugedeckt über Nacht kühl durchziehen lassen.

Die Kartoffeln unter fließendem kaltem Wasser gründlich abbürsten, gut abtropfen lassen, jeweils mit einer Scheibe Speck umwickeln und diese mit einem Zahnstocher fixieren.

Eine Fettpfanne mit dem aromatisierten Öl bepinseln und kurz heiß werden lassen. Die Zickleinscheiben mitsamt der Currypaste darauflegen, Speckkartoffeln und die Knoblauchzehen zufügen. Salzen, mit Schwarzkümmel bestreuen und die Beinscheiben bei 190 °C im vorgeheizten Ofen 50 bis 60 Minuten braten. Dabei den Bratsatz nach und nach mit Fond oder Wasser ablöschen und die Zickleinscheiben öfters mit dem Bratfond begießen, wie im obersten Bild rechts gezeigt.

Inzwischen die Datteln halbieren und den Stein entfernen. Den Spinat gut waschen und abtropfen lassen. Datteln und Spinat während der letzten 5 Minuten untermischen.

Den Joghurt glattrühren. Die Zickleinscheiben aus dem Ofen nehmen, mit dem Joghurt beträufeln, wie unten gezeigt, und alles für weitere 5 Minuten in den Ofen schieben.

Herausnehmen und die Zickleinscheiben mit Speckkartoffeln, Spinat und Datteln sowie etwas von der Sauce auf Tellern anrichten.

Die hervorragend gewürzten Zickleinscheiben sowie die Speckkartoffeln werden erst im Ofen gebraten, bevor Datteln und Spinat hinzukommen. Alles zusammen ergibt mit dem zuletzt darüber geträufelten Joghurt ein äußerst wohlschmeckendes Gericht, das den Versuch des Nachkochens unbedingt lohnt.

Eine Inderin beim Reiskochen. Feinster Basmati-Reis wird hier nach allen Regeln der Kunst zubereitet – und ist so die richtige Beilage für die pikant-würzigen Curries mit Lamm.

Einmal wird das Lammcurry auf indonesische, einmal auf indische Art geköchelt · Erstere sieht Kokosmilch und -creme vor, die zweite Variante begnügt sich mit Fond

2x Curries mit Lamm

ZUTATEN

500 g Kokosfleisch, frisch gerieben
10 g frische Galgantwurzel, 20 g Zitronengras, 5 EL Pflanzenöl
2 grüne Kardamomkapseln
3 Gewürznelken, 4 cm Zimtrinde
2 Kaffir-Limettenblätter
3 indonesische Lorbeerblätter
1 kg Lammfleisch (etwa Keule), in 2 cm große Würfel geschnitten
1 TL Salz, 1 EL Palmzucker
Für die Gewürzpaste:
5 rote Chilischoten
150 g Schalotten, 5 Knoblauchzehen
5 Kemiri-Nüsse, 10 g frische Ingwerwurzel, 8 g frische Kurkumawurzel
2 EL Koriandersamen, 15 weiße Pfefferkörner, 1/2 TL Anissamen
1/4 TL Fenchelsamen

Lammfleisch eignet sich hervorragend für Curries und wird daher in Indien, aber auch in anderen Ländern, viel verwendet. Die für das Gulai kambing verlangten indonesischen Lorbeerblätter sind nur schwer erhältlich. Das sollte aber niemand vom Nachkochen dieses wunderbaren Gerichts abhalten, denn sie lassen sich gut durch europäischen Lorbeer ersetzen (ohne Abbildung).

GULAI KAMBING

Zunächst dicke Kokosmilch herstellen. Dafür die Hälfte des Kokosfleisches – es muß wirklich frisch gerieben sein – in ein Tuch füllen, dieses zusammendrehen und so die Flüssigkeit herauspressen, dabei jedoch kein Wasser zufügen. Mit der 2. Hälfte der Kokosraspel ebenso verfahren. Die so hergestellte dicke Milch bis zur weiteren Verwendung beiseite stellen. Das ausgepreßte Kokosfleisch mit etwa 1 l Wasser übergießen und gut durchkneten. Die Masse wieder in zwei Portionen durch ein Tuch pressen. Die so entstehende dünne Milch – es sollte 1 l übrigbleiben – auffangen. Das Kokosfleisch wegwerfen.

Für die Gewürzpaste Chilies vom Stielansatz befreien und in etwa 1 cm große Stücke schneiden. Schalotten und Knoblauch schälen, in Scheiben schneiden. Chilies, Schalotten, Knoblauch und alle weiteren Zutaten im Mixer zu einer homogenen Paste verarbeiten, bei Bedarf etwas Wasser zufügen.

Den Galgant schälen, kleinschneiden und im Mörser zerstoßen. Den Zitronengrasstengel andrücken. Einen Wok erhitzen, das Öl darin heiß werden lassen. Kardamom, Nelken, Zimt, Galgant, Zitronengras, Kaffir-Limettenblätter und Lorbeerblätter unter ständigem Rühren 3 Minuten braten, bis sie zu duften beginnen. Die Würzpaste 3 bis 4 Minuten mitbraten, bis auch sie zu duften beginnt. Das Fleisch zufügen und ebenfalls unter Rühren 3 bis 4 Minuten mitbraten.

Die dünne Kokosmilch angießen und alles bei mittlerer Hitze 40 Minuten köcheln lassen. Salz, Zucker sowie die dicke Kokosmilch einrühren und das Curry noch 20 Minuten weiter köcheln lassen. Dazu paßt gedämpfter Reis.

LAMMCURRY

Das Lammfleisch parieren, das heißt von allen Häuten sowie Sehnen befreien, dann in etwa 2,5 cm große Stücke schneiden. Die Zwiebeln sowie den Knoblauch schälen und die Zwiebeln fein hacken.

Die Tomaten waschen, vierteln, Stielansatz und Samen entfernen. Den Ingwer schälen und grob zerkleinern. Knoblauch, Tomaten, Ingwer und Kreuzkümmel in einem Mixer fein pürieren. Zuletzt das Tomatenmark unterrühren.

Die Chilischote vom Stielansatz befreien und das Fruchtfleisch in dünne Ringe schneiden, dabei die Samen entfernen.

In einem entsprechend großen Topf das Öl erhitzen und die Zwiebeln darin unter Rühren leicht Farbe nehmen lassen. Chilischote und -pulver 1 Minute mitbraten, dabei ständig rühren. Koriander und Kurkuma kurz mitbraten. Garam masala einrühren.

Mit 120 ml Wasser aufgießen, die Mischung kurz aufkochen lassen und das Fleisch einlegen. Salzen und unter Rühren einige Minuten schmoren. Die pürierte Tomatenmischung unterrühren und nochmals einige Minuten köcheln lassen.

Dann den Topfinhalt je nach Geschmack mit Geflügel- oder Lammfond beziehungsweise dem Wasser aufgießen und aufkochen lassen. Die Hitze reduzieren und das Fleisch in 30 bis 40 Minuten weich schmoren, dabei gelegentlich umrühren.

Inzwischen den Reis kalt abspülen, in einer Schüssel mit kaltem Wasser bedecken und 20 bis 30 Minuten quellen lassen. Abseihen und abtropfen lassen. Basmati-Reis in einen Topf füllen, 1/2 l Wasser und Salz zufügen. Zum Kochen bringen, die Hitze reduzieren und den Reis in 12 bis 15 Minuten fertiggaren, wobei er die zugegebene Flüssigkeit weitgehend absorbiert.

An das Lammcurry bei Bedarf noch etwas Wasser angießen, Essig einrühren und das Curry abschmecken. Den Reis und das Curry auf vorgewärmten Tellern anrichten und mit gehacktem Koriandergrün bestreut servieren.

Zu diesem angenehm leichten Lammcurry schmeckt Duftreis ausgezeichnet, er paßt aber auch zu der links beschriebenen indonesischen Zubereitung.

ZUTATEN

1 kg Lammfleisch,
etwa aus der Keule
300 g Zwiebeln, 4 Knoblauchzehen
300 g Tomaten
15 g frische Ingwerwurzel
1 TL Kreuzkümmelsamen (2 g)
40 g Tomatenmark
1 rote Chilischote
4 EL Pflanzenöl
2 TL Chilipulver (6 g)
2 TL gemahlener Koriander (6 g)
1/2 TL gemahlene Kurkuma (2 g)
3/4 TL Garam masala (4 g), Salz
350 bis 400 ml Geflügel- oder
Lammfond, ersatzweise Wasser
1 TL milder Essig (5 % Säure)
1 EL gehackte Korianderblättchen
Für den Reis:
250 g Basmati-Reis, Salz

Aus Thailand · Die scharfe Currypaste mit viel Knoblauch harmoniert nicht nur mit Lamm, sondern auch mit Rind · Wer mag, würzt noch mit Nam pla, der thailändischen Fischsauce

Lammcurry mit Kartoffeln

Die Masaman-Currypaste gehört zwar zu den Würzpasten, die auch hierzulande fix und fertig in Asienläden zu kaufen sind. Doch macht es kaum Umstände, Masaman selbst herzustellen, und man sollte sie für dieses Curry unbedingt einmal probieren.

ZUBEREITUNG

Das Tamarindenmark mit dem heißen Wasser übergießen. 30 Minuten einweichen lassen und durch ein feines Sieb passieren. Den Tamarindensaft auffangen, beiseite stellen.

Für die Masaman-Currypaste die getrockneten Chilischoten in heißem Wasser einweichen. Die Galgantwurzel, die Schalotten und die Knoblauchzehen schälen. Das Zitronengras putzen. Galgant, Schalotten, Knoblauch und Zitronengras würfeln. Chilischoten abgießen. Galgant, Schalotten, Knoblauch, Zitronengras und Chilies im Mixer mit dem Zucker, Salz, Kreuzkümmel, Kardamom und Öl zu einer glatten Paste verarbeiten.

Das Fleisch in etwa 4 cm große Stücke schneiden. Die Zwiebeln schälen, halbieren und in feine Streifen schneiden. Die Kartoffeln schälen und 3 bis 4 cm groß würfeln.

2 EL Öl in einem Wok erhitzen und die Zwiebeln darin bei mittlerer Hitze goldbraun braten. Herausnehmen, das restliche Öl zugießen und erhitzen. Die Masaman-Currypaste zufügen und bei nicht zu starker Hitze 2 Minuten braten. Das Fleisch 2 bis 3 Minuten mitbraten. Mit der Kokosmilch aufgießen und das Curry insgesamt 30 bis 35 Minuten köcheln lassen.

Das Tamarindenwasser sowie die Kartoffelstücke nach 20 Minuten der Garzeit zufügen. 5 Minuten vor Ende der Garzeit die gebratenen Zwiebeln und die Erdnüsse unterrühren. Das Curry abschmecken, auf Tellern anrichten, mit Koriandergrün garnieren.

ZUTATEN

Für das Lammcurry mit Kartoffeln:
20 g Tamarindenmark
60 ml heißes Wasser
1 kg Lammfleisch aus der Keule
120 g Zwiebeln
500 g festkochende Kartoffeln
4 EL Pflanzenöl, 3/4 l Kokosmilch
60 g Erdnüsse, geröstet und grob gehackt
Salz, etwas Zucker
Für die Masaman-Currypaste:
6 getrocknete rote Chilischoten
20 g frische Galgantwurzel
80 g Schalotten, 5 Knoblauchzehen
10 g Zitronengras (nur der untere Teil)
1 EL Zucker (10 g), 1 TL Salz
je 3/4 TL gemahlener Kreuzkümmel und Kardamom (jeweils 3 g)
1 EL Pflanzenöl
Außerdem:
Koriandergrün zum Garnieren

Lecker und schnell zubereitet: Violet Oons Lammhack-Curry · Kann statt mit Nudeln, wie im Bild oben, auch einmal mit indischem Fladenbrot serviert werden

Keema curry

In Indien wird derart gewürztes Hackfleisch als Füllung für Curry puffs, kleine halbmondförmige Blätterteigtaschen, verwendet. Das Curry muß dann jedoch möglichst »trocken« sein, damit der Teig nicht durchweicht.

ZUBEREITUNG

Für die Currymischung Koriander, Kreuzkümmel, Fenchel und Chilischoten in einer Pfanne ohne Zugabe von Fett bei nicht zu starker Hitze rösten. Vom Herd nehmen und die Gewürze im Mörser oder in der Kaffeemühle fein mahlen. In eine Schüssel umfüllen, mit der Kurkuma und 1 bis 2 EL Wasser verrühren, so daß eine glatte Paste entsteht.

Das Lammfleisch durch die grobe Scheibe des Fleischwolfes drehen. Ingwer sowie Zwiebel schälen und fein hacken. Tomaten blanchieren, häuten, vierteln, Stielansätze und Samen entfernen, die Viertel quer halbieren.

Das Öl in einem Wok erhitzen und die Zwiebel darin hellbraun anbraten. Ingwer, Zimt, Nelken sowie Kardamom zufügen und die Currymischung unterrühren. Alles unter Rühren weitere 3 bis 4 Minuten braten.

Das Fleisch zufügen und unter Rühren anbraten, salzen. Die Tomatenstücke untermischen und 100 ml Wasser angießen. Das Curry bei nicht zu starker Hitze noch 15 bis 20 Minuten köcheln lassen und abschmecken.

In der Zwischenzeit die Nudeln in kochendem Wasser garen, abseihen und gut abtropfen lassen. Die Nudeln auf Tellern anrichten und das Curry darauf verteilen. Mit dem Schnittknoblauch bestreuen und servieren.

ZUTATEN

Für das Keema curry:
500 g Lammfleisch aus der Keule
3 g frische Ingwerwurzel
60 g Zwiebel, 200 g Tomaten
3 EL Pflanzenöl
1 Stück Zimtrinde (3 cm)
5 Gewürznelken
4 grüne Kardamomkapseln, Salz
Für die Currymischung:
1 EL Koriandersamen (4 g)
1 TL Kreuzkümmelsamen (3 g)
1 TL Fenchelsamen (2 g)
5 getrocknete rote Chilischoten
1 TL gemahlene Kurkuma
Außerdem:
200 g lange chinesische Eiernudeln (Long life noodles)
1 EL Schnittknoblauch, in Röllchen

Sommerliches Curry für heiße Tage · Lammhaxen sind nicht immer leicht erhältlich, deshalb im Zweifel sicherheitshalber beim Metzger auf den gewünschten Termin vorbestellen

Lammhaxen in Currysauce

Zu den im Ofen geschmorten Lammhaxen mit ihrem zarten Fleisch passen erfrischende Saucen auf Joghurt- und Gemüsebasis, sogenannte Raitas, als geschmacklicher Kontrapunkt hervorragend. Sie bringen zum einen die gewünschte Milde als Gegenpart zur Chilischärfe der Sauce, zum andern kühlen sie wunderbar den Gaumen. Im folgenden wird einmal ein Gurken-Raita wie auch ein Tomaten-Raita beschrieben – doch ob man nun alle beide zubereitet oder sich eines davon aussucht, bleibt ganz dem eigenen Geschmack überlassen. Dazu passen in jedem Fall Fladenbrote oder auch Papadams gut.

ZUBEREITUNG

Zunächst die Raitas herstellen. Für das Gurken-Raita den Joghurt in einer Schüssel glattrühren. Den Knoblauch schälen und fein hacken. Die Salatgurke schälen und in sehr

Nach dem Rösten der Gewürze, die dann wieder entnommen werden, brät man die Lammhaxen im heißen Öl kurz von allen Seiten gut an, bis sie leicht gebräunt sind. Dann kommen die gehackten Zwiebeln hinzu, Ingwer, Kurkuma sowie die gerösteten Gewürze. Schließlich sorgen Tomatenwürfel und Wasser für genügend Flüssigkeit, so daß die Haxen in ausreichend Sauce fertigschmoren können.

feine Würfel schneiden. Den Knoblauch, die Gurke, Kreuzkümmel, etwas Paprikapulver, Pfeffer und Salz sowie die gehackte Minze unter den Joghurt rühren und das Raita mindestens 1 Stunde kühl stellen.

Für das Tomaten-Raita den Joghurt glattrühren. Tomatenfruchtfleisch und Frühlingszwiebeln klein würfeln, untermischen. Die Gewürze sowie das Koriandergrün einrühren und das Raita für 1 Stunde kühl stellen.

Inzwischen Zwiebeln und Knoblauch schälen und fein hacken. Die Ingwer- sowie die Kurkumawurzel schälen und beides fein reiben. Die Chilischoten halbieren, Stielansätze, Samen und Scheidewände entfernen. Die Tomaten in kochendem Wasser blanchieren, kalt abschrecken, häuten, Samen sowie Scheidewände entfernen und das Fruchtfleisch in kleine Würfel schneiden.

Die Lammhaxen unter fließendem kaltem Wasser waschen und sorgfältig trockentupfen. Salzen und die Haxen mit etwas Mehl bestauben. Das Pflanzenöl in einem Bräter erhitzen, Kardamomkapseln, Zimtrinde, Nelken sowie Muskatblüte zufügen und 1 Minute im heißen Öl braten. Die Gewürze wieder herausnehmen und beiseite stellen. Die Lammhaxen im heißen Öl rundum anbraten.

Zwiebel- und Knoblauchwürfel 4 bis 5 Minuten mit den Lammhaxen mitbraten. Den geriebenen Ingwer, die Kurkuma und die gerösteten Gewürze einrühren.

Chili- und Tomatenwürfel zufügen, gemahlenen Koriander einrühren und die Curryblätter einlegen. Alles mit etwa 600 ml Wasser aufgießen und salzen. Den Bräter in den auf 190 °C vorgeheizten Ofen stellen. Die Lammhaxen 50 bis 60 Minuten schmoren und dabei immer wieder mit dem Bratfond begießen.

Nach Ende der Garzeit die Lammhaxen aus dem Ofen nehmen, abschmecken und mit einem oder beiden Raitas servieren.

ZUTATEN

250 g Zwiebeln, 3 Knoblauchzehen
je 20 g frische Ingwer- und Kurkumawurzel
5 grüne Chilischoten
400 g Tomaten
4 Lammhaxen von je 350 g
Salz, etwas Mehl, 4 EL Pflanzenöl
1 schwarze Kardamomkapsel
3 grüne Kardamomkapseln
1 Stück Zimtrinde (5 cm)
5 Gewürznelken, 1 Muskatblüte
1 TL gemahlener Koriander
1 Zweig frische Curryblätter
Für das Gurken-Raita:
300 g Schafmilchjoghurt
2 Knoblauchzehen, 250 g Salatgurke
1/4 TL gemahlener Kreuzkümmel
edelsüßes Paprikapulver
frisch gemahlener Pfeffer, Salz
1 EL gehackte Minze
Für das Tomaten-Raita:
300 g Schafmilchjoghurt
120 g Tomatenfruchtfleisch
40 g Frühlingszwiebeln, geputzt
Salz, frisch gemahlener Pfeffer
1 Messerspitze gemahlener Kreuzkümmel
1 EL gehacktes Koriandergrün

Reichlich Colombo powder wird über die angebratenen Zickleinstücke gestreut und bringt jede Menge Aroma. Damit das Pulver nicht verbrennt, darf es nur ganz kurz mitgebraten werden.

Ein karibisches Curry mit Zicklein · Beilagen braucht's hier keine, weil das Gericht schon Kartoffeln und Gemüse enthält · Wer will, reicht allenfalls Fladenbrot dazu

Colombo de cabri

Der für die Gewürzmischung angeröstete Reis sorgt weniger für zusätzlichen Geschmack als vielmehr für die Bindung des Gerichtes. Diese Würzmischung für Colombos, denn so werden Curry-Gerichte in der Karibik genannt, hält sich übrigens, hitze- und lichtgeschützt in einem fest verschlossenen Glas aufbewahrt, mehrere Monate lang. Statt der Zuckerschoten kann auch ein anderes Gemüse der Saison ausgewählt werden.

ZUTATEN

2 Zickleinschultern mit Knochen, je etwa 900 g
100 ml Limettensaft
5 EL Pflanzenöl
4 Knoblauchzehen
1 kleiner Lampionchili (8 g)
3 bis 4 Thymianzweige
350 g reife Tomaten
400 g kleine, festkochende Kartoffeln
200 g Zuckerschoten
2 gestrichene EL Colombo powder
2 EL gehackte Petersilie, Salz

Für den Colombo powder:
20 g Langkornreis
10 g Kreuzkümmel
10 g Koriandersamen
5 g schwarze Senfkörner
4 g schwarze Pfefferkörner
5 g Bockshornkleesamen
8 Gewürznelken
10 g gemahlene Kurkuma

Außerdem:
Petersilie zum Garnieren

ZUBEREITUNG

Zunächst die Colombo-Würzmischung herstellen, dafür den Reis bei nicht zu starker Hitze ohne Zugabe von Fett hell anrösten. Den Reis herausnehmen. Kreuzkümmel, Koriander, Senf, Pfeffer, Bockshornkleesamen und Nelken 2 bis 3 Minuten unter gelegentlichem Rütteln in einer Pfanne bei mittlerer Hitze rösten, bis die Gewürze zu duften beginnen. Auf einen Teller schütten, auskühlen lassen.

Gerösteten Reis und Gewürze zu feinem Pulver vermahlen, dies funktioniert am besten mit Hilfe einer Kaffeemühle. Das Pulver herausnehmen und mit der gemahlenen Kurkuma vermischen.

Die Zickleinschultern in etwa 5 cm große Stücke schneiden beziehungsweise hacken. Die Fleischstücke in eine entsprechend große Form legen, mit dem Limettensaft übergießen und mit 2 EL Öl beträufeln.

Knoblauch schälen und halbieren. Den Lampionchili von Stielansatz, Samen und Scheidewänden befreien und das Fruchtfleisch fein hacken. Am besten, man zieht dazu Handschuhe an, denn die Schoten sind sehr feurig, und es empfiehlt sich nicht, etwas von der Schärfe in die Augen zu bekommen.

Halbierte Knoblauchzehen, Chiliwürfel sowie die Thymianzweige in die Form geben und das Fleisch mit den Gewürzen zugedeckt mindestens 2 Stunden, besser aber noch über Nacht, kühl durchziehen lassen, dabei die Fleischstücke von Zeit zu Zeit in der Marinade wenden.

Die Tomaten blanchieren, kalt abschrecken, häuten, Stielansatz und Samen entfernen und das Fruchtfleisch in kleine Würfel schneiden. Die Kartoffeln schälen und quer halbieren. Von den Zuckerschoten die Enden entfernen.

Das Fleisch aus der Marinade nehmen und gut abtropfen lassen. Die restlichen 3 EL Öl in einer großen Pfanne erhitzen und die Zickleinstücke darin von allen Seiten anbraten, dabei nur leicht bräunen. Mit dem Colombo powder bestauben, wie in dem Bild links oben gezeigt, und kurz weiterbraten.

Die Tomatenwürfel sowie die halbierten Kartoffeln zufügen und die Marinadeflüssigkeit angießen, die Gewürze aus der Marinade ebenfalls untermischen und alles mit 1/4 l Wasser aufgießen. Die Petersilie einstreuen, das Gericht leicht salzen und zugedeckt bei nicht zu starker Hitze etwa 40 Minuten köcheln lassen.

Die Zuckerschoten einlegen und alles noch weitere 5 bis 10 Minuten köcheln lassen. Abschmecken und das Colombo mit Petersilienblättchen garniert servieren.

Die Zickleinstücke ziehen vor dem Anbraten in einer Marinade aus Limettensaft, Knoblauch und Kräutern. Diese Mischung wird später auch zusammen mit den Tomaten geköchelt, bevor Kartoffeln und Zuckerschoten mit in den Topf kommen.

Für den Colombo powder, eine spezielle karibische Gewürzmischung, wird zunächst der Reis hell angeröstet, dann nimmt man ihn wieder heraus, bevor die Gewürze ebenfalls ohne Fett geröstet werden. Zuletzt vermahlt man alles – am besten mit einer Kaffeemühle – zu einem feinen Pulver.

Ein scharfes Schweinefleisch-Curry aus der Karibik · Die Würzmischung läßt sich gut auf Vorrat herstellen; in ein Schraubglas gefüllt, hält sie sich mehrere Wochen

Hot pork curry

ZUTATEN

800 g Schweinefleisch, etwa aus der Schulter
80 g Frühlingszwiebeln, geputzt
2 Knoblauchzehen
10 g frische Ingwerwurzel
50 g Stangensellerie
250 g Tomaten
1/2 Lampionchili (5 g)
3 EL Pflanzenöl
1 EL Colombo powder, Salz
300 g Kürbisfruchtfleisch, in 1,5 cm große Würfel geschnitten
1/4 l Kokoswasser
frisch gemahlener Pfeffer
40 g geriebenes Kokosnußfleisch
Koriandergrün

Für den Colombo powder:
20 g Langkornreis
10 g Koriandersamen
10 g Kreuzkümmel
5 g schwarze Senfkörner
4 g schwarze Pfefferkörner
5 g Bockshornkleesamen
8 Gewürznelken
10 g gemahlene Kurkuma

Für den Reis:
250 g Langkornreis
Salz, 5 Gewürznelken

Zunächst die Colombo-Würzmischung herstellen, dafür den Reis bei nicht zu starker Hitze ohne Fett hell anrösten, wie im 1. Bild oben links gezeigt. Reis herausnehmen. Koriander, Kreuzkümmel, Senf, Pfeffer, Bockshornklee und Nelken in die Pfanne geben – wie im 2. Bild oben zu sehen –, 2 bis 3 Minuten unter gelegentlichem Rütteln bei mittlerer Temperatur rösten, bis die Gewürze zu duften beginnen. Auf einen Teller schütten und abkühlen lassen. Den gerösteten Reis sowie die Gewürze zu feinem Pulver vermahlen, wie im 3. Bild gezeigt. Herausnehmen und mit der Kurkuma vermischen.

Das Fleisch in 2,5 cm große Stücke schneiden und kühl stellen. Frühlingszwiebeln in feine Ringe schneiden. Knoblauch und Ingwer schälen, beides fein hacken. Sellerie putzen und in dünne Scheiben schneiden. Tomaten blanchieren, abschrecken, häuten, Stielansätze sowie Samen entfernen und das Fruchtfleisch würfeln. Lampionchili von Samen und Scheidewänden befreien und fein hacken.

Das Öl in einer hochwandigen Pfanne erhitzen und das Fleisch darin hell anbraten. Zwiebeln, Knoblauch, Ingwer, Sellerie, Tomaten und Chili kurz mitschwitzen. Mit dem Colombo powder bestauben und noch 1 Minute braten. 200 ml Wasser angießen, leicht salzen und alles weitere 50 Minuten köcheln lassen.

Inzwischen den Reis in einen Topf schütten. 1/2 l Wasser, Salz und Nelken zufügen, einmal aufwallen lassen. Die Hitze reduzieren und den Reis fertiggaren. Falls noch Flüssigkeit vorhanden ist, diese abgießen, andernfalls den Reis ausdampfen lassen, auflockern.

Währenddessen sollte das Wasser des Currys fast verdampft sein. Kürbis untermischen. Kokoswasser angießen, 10 Minuten köcheln lassen, abschmecken. Mit Kokosraspel und Koriandergrün garnieren, Reis dazu reichen.

Die berühmte Curry-Variante aus Goa, hier mit Schweinefleisch · Wer will, kann mehr Chilies zugeben · Am besten am Vortag kochen, das Curry schmeckt aufgewärmt noch besser

Vindaloo

Das Besondere an diesem Curry aus der ehemals portugiesischen Kolonie ist die Verwendung von Essig, Chilies und Knoblauch für die Sauce. Dadurch wurde das Fleisch haltbar gemacht und diente so einst auch als Proviant auf Seereisen (ohne Abbildung).

ZUBEREITUNG

Zunächst die Vindaloo-Paste herstellen. Dafür sämtliche Gewürze in einer Pfanne ohne Zugabe von Fett 4 bis 5 Minuten rösten. Herausnehmen, etwas abkühlen lassen und die Gewürze mitsamt dem Zucker im Mörser zu einer feinen Paste zerreiben. In eine Schüssel füllen und mit dem Essig verrühren.

Das Schweinefleisch parieren und in etwa 3 cm große Stücke schneiden. In einer Schüssel mit der Vindaloo-Paste vermischen, zugedeckt 4 bis 5 Stunden durchziehen lassen.

Inzwischen Zwiebeln, Ingwer und Knoblauch schälen und alles fein hacken. Die Chilischoten vom Stielansatz befreien, halbieren und Samen sowie Scheidewände entfernen.

In einer Pfanne das Ghee erhitzen und die Fleischwürfel darin anbraten, herausnehmen. Zwiebeln, Ingwer, Knoblauch und Chilies im verbliebenen Fett 3 bis 4 Minuten braten. Das Fleisch wieder zufügen, Lorbeerblatt einlegen, 500 bis 600 ml Wasser angießen, die Tomaten zufügen und alles bei reduzierter Hitze noch 35 bis 45 Minuten köcheln lassen. Abschmecken und servieren.

ZUTATEN

1 kg Schweinefleisch aus der Keule
100 g Zwiebeln
20 g frische Ingwerwurzel
5 Knoblauchzehen
5 rote Chilischoten, 3 EL Ghee
1 Lorbeerblatt
250 g Tomatenfruchtfleisch, gewürfelt, Salz
Für die Vindaloo-Paste:
1 EL Koriandersamen
1 EL Kreuzkümmel
4 Gewürznelken
1 Stück Zimtstange (5 cm)
1 1/2 TL schwarze Pfefferkörner
1 EL Bockshornkleesamen
1/2 TL schwarze Senfsamen
1 TL Fenchelsamen
1/2 TL Palmzucker, 60 ml weißer Essig (Kokosessig, 5 % Säure)

Einmal mit Innereien vom Kalb, einmal mit Filet und Fleischbällchem · Das erste Curry ist leicht und schnell zubereitet, das zweite (ohne Abbildung) etwas aufwendiger

Curries mit Kalb

ZUTATEN
3 getrocknete rote Chilischoten
10 g frische Ingwerwurzel
3 Knoblauchzehen
1 TL Kreuzkümmel (4 g)
5 Gewürznelken
1 Stück Zimtrinde (5 cm)
1/2 Kapsel Sternanis
8 schwarze Pfefferkörner
1 TL weiße Mohnsamen (2 g)
10 g Tamarindenpaste
300 g frische Erbsenschoten, Salz
180 g Zwiebeln, 5 EL Pflanzenöl
6 frische Curryblätter
1 TL gemahlene Kurkuma
50 ml Sahne, 1 TL Crème double
600 g Kalbsleber
Außerdem:
Thai-Basilikum zum Garnieren

Innereien dürfen grundsätzlich nicht zu lange gegart werden, und auch beim Kalbslebercurry sollte die Leber auf keinen Fall zu lange braten, da ihr zarter Charakter sonst völlig verlorenginge. Richtig zubereitet, wird das Gericht aber, auch in Verbindung mit den frischen Erbsen, zur wahren Delikatesse. Keinesfalls zu lange braten darf auch das Kalbsfilet, welches man ebenfalls nicht austrocknen lassen sollte. Für die Fleischbällchen hingegen bevorzugt man in Gegenden mit nichtmoslemischer Bevölkerung Schweinehack, da dieses saftiger bleibt. Nur aus Kalbfleisch zubereitet, würden sie zu trocken.

KALBSLEBERCURRY

Von den Chilischoten Stielansätze und Samen entfernen und die Schoten in wenig kaltem Wasser einweichen. Ingwer und Knoblauch schälen, beides kleinschneiden. Eingeweichte Chilischoten mit dem Kreuzkümmel, den Nelken, dem Zimt, dem Sternanis, den Pfefferkörnern, dem Mohn, dem Ingwer, dem Knoblauch, 3 EL Wasser und Tamarindenpaste im Mixer zu einer feinen Paste pürieren. 1/3 davon beiseite stellen.

Die Erbsen auspalen und in kochendem Salzwasser 5 Minuten garen, herausnehmen und kalt abschrecken.

Die Zwiebeln schälen und fein hacken. 2 EL Öl in einem Topf erhitzen und die Zwiebeln darin bei nicht zu starker Hitze hellbraun anbraten. Die restlichen 2/3 der Gewürzpaste einrühren, die Curryblätter einlegen, das Kurkumapulver einstreuen und alles unter ständigem Rühren 3 bis 4 Minuten mitbraten. 400 ml Wasser angießen und die Mischung bei geringer Hitze weitere 15 Minuten köcheln lassen. Nach 10 Minuten Sahne sowie Crème double einrühren und salzen. Die vorgegarten Erbsen zufügen und in der Sauce erwärmen.

In der Zwischenzeit die Kalbsleber von Haut sowie Sehnen befreien und in etwa 3 mm dicke Scheiben schneiden. Die Leberscheibchen mit dem beiseite gestellten Drittel der Würzmischung vermengen und 15 Minuten zugedeckt kühl stellen.

Das restliche Pflanzenöl erhitzen, die Leberscheibchen darin 1 Minute braten. Die Sauce zur Leber gießen. Das Kalbslebercurry noch etwa 1/2 Minute köcheln lassen und abschmecken. Nach Belieben mit gekochtem Langkornreis anrichten, mit Basilikum garnieren und servieren.

KALBFLEISCHCURRY MIT MANGO

Zunächst die Fleischbällchen zubereiten. Dafür Frühlingszwiebeln und Knoblauch sehr fein hacken. Das Brot in lauwarmem Wasser einweichen, gut ausdrücken. Das Hackfleisch in einer Schüssel mit den Zwiebeln, dem Knoblauch, dem Brot, den Kräutern sowie dem Ei vermengen. Salzen und pfeffern. Aus dem Fleischteig etwa 30 Bällchen formen, diese in sprudelnd kochendes Salzwasser einlegen, die Hitze reduzieren und die Bällchen in etwa 10 Minuten garziehen lassen.

Das Kalbfleisch in feine Scheiben schneiden, kühl stellen. Das Fruchtfleisch der Mangos auslösen. Dafür die Früchte längs in 3 Teile schneiden, im mittleren liegt der Stein. Von diesem die Schale ablösen, den Stein mit einer Gabel auf die Arbeitsfläche drücken und mit einem Messer Fruchtfleisch und Saft abstreifen. Aus den beiden anderen Mangobacken das Fruchtfleisch mit einem Löffel auslösen und etwa 2 cm groß würfeln. Zwiebel und Knoblauch schälen und fein hacken.

Das Öl im Wok erhitzen, das Kalbfleisch darin portionsweise rundum anbraten und wieder herausnehmen. Zwiebel- und Knoblauchwürfel im verbliebenen Öl unter Rühren hell anbraten. Die Mangostücke 1 bis 2 Minuten mitbraten, wieder herausnehmen.

Das Currypulver sowie das Kokosfleisch 1 Minute im Wok anbraten. Wein und Ananassaft angießen und auf die Hälfte reduzieren. Das Mangochutney sowie das Tomatenketchup einrühren und kurz aufkochen. Die gebratenen Kalbfleischscheiben, die Mangowürfel, die gut abgetropften Fleischbällchen sowie die Sahne untermischen und alles nochmals kurz aufkochen lassen. Salzen und pfeffern.

Das Curry in Schälchen anrichten, mit Kokosraspel sowie Minzestreifen garniert servieren.

ZUTATEN

300 g Kalbfleisch (am besten Filet)
450 g reife Mangos
50 g Zwiebel, 1 Knoblauchzehe
4 EL Pflanzenöl, 1 EL Currypulver
30 g Kokosfleisch, frisch gerieben
100 ml Weißwein, 100 ml Ananassaft
20 g Mangochutney
20 g Tomatenketchup, 100 ml Sahne
Salz, frisch gemahlener Pfeffer

Für die Fleischbällchen:
30 g Frühlingszwiebeln, geputzt
1 Knoblauchzehe, geschält
40 g Weißbrot ohne Rinde
200 g Hackfleisch vom Schwein
1 EL gehackte Kräuter (Zitronenmelisse, Zitronenthymian, Minze und Petersilie), 1 Ei, Salz
frisch gemahlener weißer Pfeffer

Außerdem:
frisch geriebenes Kokosfleisch
Minzeblättchen, in feinen Streifen

Mal mit buntem Gemüse, mal typisch thailändisch gewürzt · Bei beiden Rezepten gart das Fleisch langsam in Kokosmilch

Zweimal Beef-Curry

ZUTATEN

600 g Rindfleisch, etwa aus der Oberschale, 2 EL Pflanzenöl
1/2 l Kokosmilch
250 g rote Paprikaschoten
100 g ausgepalte frische Erbsen, Salz
40 g Frühlingszwiebeln
1 TL Tamarindenpaste, mit 80 ml Wasser verrührt
Für die Würzpaste:
40 g Schalotten
4 Knoblauchzehen
20 g frische Ingwerwurzel
Fruchtfleisch von 3 grünen Chilischoten
20 g Zitronengras, in feine Scheiben geschnitten
10 g getrocknete Garnelenpaste (Trasi), 40 g gelbe Bohnensauce
2 EL Currypulver
30 g Palmzucker, Salz

Zu dem unten angegebenen Beef-Curry mit Paprika und Erbsen reicht man am besten herrlich aromatischen, weißen Duftreis.

MIT PAPRIKA UND ERBSEN

Schalotten, Knoblauch und Ingwer für die Würzpaste schälen und hacken. Chilies in Streifen schneiden. Schalotten, Knoblauch, Ingwer, Chilies, Zitronengras und Garnelenpaste im Mörser zerstoßen. Mit Bohnensauce, Currypulver, Palmzucker und Salz verrühren.

Das Fleisch in etwa 1 cm breite Streifen schneiden und im erhitzten Öl anbraten, ohne es Farbe nehmen zu lassen. Kokosmilch zugießen und zum Kochen bringen. Bei reduzierter Hitze etwa 40 Minuten köcheln lassen.

Die Paprikaschoten von Stielansätzen, Samen und Scheidewänden befreien, das Fruchtfleisch in 1 cm große Stücke schneiden. Die Erbsen in kochendem Salzwasser blanchieren und abtropfen lassen. Frühlingszwiebeln putzen und in Ringe schneiden. Würzpaste, Tamarindenwasser, Paprika, Erbsen sowie Frühlingszwiebeln in die Kokosmilch einlegen und alles weitere 10 Minuten zugedeckt köcheln lassen. Abschmecken und servieren.

MIT GRÜNER CURRYPASTE

Zunächst die Currypaste zubereiten. Dazu die Stielansätze von den Chilischoten entfernen. Knoblauch, Schalotten und Galgant schälen und ebenso wie das Zitronengras kleinschneiden. Die Korianderwurzel putzen und ebenfalls kleinschneiden. Alles mit Limettenschale, Gewürzen und Garnelenpaste in einem Mörser oder Mixer zu einer glatten Paste verarbeiten, bei Bedarf 2 bis 3 EL Wasser zufügen.

Das Fleisch in etwa 2 x 4 cm große Stücke schneiden. Die Kokoscreme mit dem heißen Wasser übergießen und glattrühren. Die Frühlingszwiebeln putzen und in Ringe schneiden.

Das Öl in einem Wok erhitzen, das Fleisch darin unter Rühren leicht anbraten und herausnehmen. Die angerührte Kokoscreme in den Wok gießen und bei mittlerer Temperatur erhitzen. Die Currypaste einrühren und unter ständigem Rühren 1 Minute miterhitzen, bis die Mischung zu duften beginnt. Frühlingszwiebeln sowie das Fleisch einlegen und die Kokosmilch angießen. Bei reduzierter Hitze 40 bis 45 Minuten köcheln lassen.

Inzwischen für den Reis die Frühlingszwiebeln putzen und fein hacken. Die Kurkuma schälen und fein reiben. Das Erdnußöl in einem Topf erhitzen, die Frühlingszwiebeln darin hell anschwitzen. Kurkuma und Reis zufügen und kurz mitschwitzen. Den Geflügelfond zugießen, salzen und alles einmal aufkochen lassen. Die Hitze reduzieren und den Reis in 15 Minuten fertiggaren, dabei mehrfach umrühren.

Die grünen Bohnen putzen und schräg in 4 cm große Stücke schneiden. Die Chilischoten halbieren, von Stielansätzen, Samen und Scheidewänden befreien. Die Bohnen und die Chilies 10 bis 12 Minuten vor Ende der Garzeit unter das Fleisch mischen.

Das Curry mit Fischsauce, Zucker und Salz würzen, auf dem Reis anrichten und mit den Thai-Basilikumblättchen garniert servieren.

ZUTATEN
800 g Rindfleisch, etwa aus der Oberschale, 60 g Kokoscreme
120 ml heißes Wasser
50 g Frühlingszwiebeln
3 EL Pflanzenöl
750 ml Kokosmilch
300 g grüne Bohnen
2 rote Chilischoten
2 bis 3 EL Fischsauce
10 g Zucker, Salz
Für die grüne Currypaste:
4 frische grüne Chilischoten
2 Knoblauchzehen, 40 g Schalotten
10 g frische Galgantwurzel
10 g Zitronengras (nur der untere Teil)
1 Korianderwurzel
1/2 EL abgeriebene Kaffir-Limettenschale
1/2 TL Koriandersamen
1/2 TL gemahlene Kurkuma
1/2 TL Salz
1/2 TL Garnelenpaste (Kapi)
Für den Kurkumareis:
30 g Frühlingszwiebeln (nur der weiße Teil)
20 g frische Kurkumawurzel
2 EL Erdnußöl
250 g thailändischer Duftreis
1/2 l Geflügelfond, Salz
Außerdem:
einige Blättchen Thai-Basilikum

Farbenfroh und chilischarf präsentiert sich die Kombination von Kurkumareis und dem thailändischen Beef-Curry, dem die grüne Würzpaste und die Bohnen seine spezielle Farbe verleihen.

Ein Curry mit Wildfleisch, das den Versuch lohnt · Rotwein ist nicht unbedingt das indische Originalgetränk – aber warum sollte man dazu nicht einmal ein Glas probieren?

Rehcurry

Wild wird in Indien nicht allzu häufig, und wenn, dann gerne so wie Lammfleisch – nämlich als Curry – zubereitet. Das folgende Rezept schlägt Rehschulter vor, doch kann man es durchaus auch mit anderen Stücken vom Reh oder aber mit anderen Wildarten, etwa mit Hirsch oder Damhirsch, kochen. Als Beilage zum fertigen Curry paßt entweder Basmati-Reis, oder man reicht die dünnen, in der Pfanne schwimmend in heißem Fett ausgebackenen Fladenbrote dazu.

ZUBEREITUNG

Das Rehfleisch parieren, das heißt von allen Häuten und Sehnen befreien, und in 2 bis 3 cm große Würfel schneiden, bis zur weiteren Verwendung in den Kühlschrank stellen.

Die Zwiebeln, den Knoblauch sowie die Ingwerwurzel schälen und alles fein hacken. Das Zitronengras klein schneiden. Die Chilischoten halbieren, jeweils Stielansatz, Samen und Scheidewände entfernen und das Fruchtfleisch fein hacken. Die Kurkuma schälen und fein reiben; dabei am besten Handschuhe tragen, da die Wurzel sehr stark färbt.

Die Paprikaschote waschen, von Stielansatz, Samen und Scheidewänden befreien und das Fruchtfleisch in dünne Streifen schneiden. Den Stangensellerie waschen, putzen, dabei eventuell vorhandene Fäden abziehen und die Stangen in feine Scheiben schneiden. Die Möhren waschen, schälen und in etwa 1/2 cm große Würfel schneiden.

Die Tomaten blanchieren, kalt abschrecken, häuten, halbieren und die Stielansätze entfernen. Die Samen durch ein Sieb passieren und den Saft dabei auffangen. Das Tomatenfruchtfleisch in kleine Würfel schneiden.

Die Hälfte des Öls in einer Pfanne oder im Wok erhitzen und die Lorbeerblätter, die Kardamomkapseln sowie die Zimtstange darin anbraten. Die Pfefferkörner sowie die Nelken kurz unter Rühren mitbraten. Vom Herd nehmen, die Gewürze herausnehmen – sie würden sonst verbrennen – und beiseite stellen.

Das restliche Öl in Pfanne oder Wok gießen und erhitzen. Zwiebeln, Ingwer, Knoblauch sowie die Chilistückchen darin hell anschwitzen, geriebene Kurkuma und gemahlene Koriandersamen einrühren. Das Rehfleisch zufügen und unter mehrmaligem Wenden von allen Seiten anbraten. Die Paprikastreifen, Selleriescheiben, Möhren- und Tomatenwürfel zufügen und kurz mitdünsten.

Den aufgefangenen Tomatensaft sowie 1/2 l Wasser angießen, salzen. Alles zum Kochen bringen, die Hitze reduzieren und das Curry 35 bis 40 Minuten köcheln lassen. Bei Bedarf noch etwas Wasser angießen, abschmecken.

Das fertiggegarte Curry auf Teller verteilen und jeweils mit 1 EL Joghurt anrichten. Mit den Basilikumblättchen garnieren und servieren. Nach Belieben Basmati-Reis oder Chapatis dazu reichen.

ZUTATEN

800 g Rehfleisch aus der Schulter
180 g Zwiebeln, 2 Knoblauchzehen
10 g frische Ingwerwurzel
5 g Zitronengras
2 rote Chilischoten
15 g frische Kurkumawurzel
150 g rote Paprikaschote
70 g Stangensellerie
100 g Möhren, 200 g Tomaten
4 EL Pflanzenöl
2 Lorbeerblätter
2 grüne Kardamomkapseln
1 Stück Zimtrinde (5 cm)
8 schwarze Pfefferkörner
4 Gewürznelken
1/2 TL gemahlene Koriandersamen
Salz
Außerdem:
4 EL Joghurt
einige Blättchen Thai-Basilikum

Die schöngefärbte Currypaste basiert auf Kurkuma und Ingwer, beides fein gerieben, sowie auf diversen Gewürzen wie Kreuzkümmel und Fenchelsamen. Im Mörser wird dann alles zu einer Paste verarbeitet. Bevor die Würzpaste an das Känguruhfleisch kommt, wird dieses jedoch zunächst separat angebraten.

Ausgefallen: Känguruhfleisch und Kürbis, im Wok angebraten und von einer würzigen Sauce umhüllt · Als Beilage dazu reicht man am besten Basmati- oder thailändischen Duftreis

Kangaroo Korma

Auf dem 5. Kontinent ist Känguruh ausgesprochen beliebt, gerade auch die saftigen Hüftsteaks. Außerhalb von Australien wird es meist entbeint und tiefgekühlt angeboten und nur auf Wunsch frisch eingeflogen, was dann natürlich seinen Preis hat. Doch auch mit tiefgekühlter Ware läßt sich ein solches Korma – so bezeichnet man ein gehaltvolles Curry mit relativ wenig Sauce –, wie man es in Indien oder Malaysia kennt, gut zubereiten.

ZUTATEN

25 g Tamarindenmark
1/8 l heißes Wasser
600 g Känguruhfleisch (Hüftsteaks)
400 g Hokkaido-Kürbis
4 EL Pflanzenöl
1 Stück Zimtrinde (etwa 4 cm)
3 grüne Kardamomkapseln
Salz
300 ml Rinderfond

Für die Currypaste:
50 g Zwiebel
2 Knoblauchzehen
8 g frische Kurkumawurzel
10 g frische Ingwerwurzel
1 mittelscharfe Chilischote (20 g)
2 TL edelsüßes Paprikapulver (6 g)
1/2 TL Fenchelsamen (1 g)

Außerdem:
30 g ungeschälte Mandeln
Koriandergrün zum Garnieren

ZUBEREITUNG

Das Tamarindenmark in einer Schüssel mit dem heißen Wasser übergießen und 1/2 Stunde ziehen lassen. Die Mischung durch ein feines Sieb passieren und bis zur weiteren Verwendung beiseite stellen.

In der Zwischenzeit die Currypaste herstellen. Dafür Zwiebel und Knoblauch schälen, beides fein hacken. Die Kurkuma sowie den Ingwer schälen und beides fein reiben. Die Chilischote halbieren, Stielansatz, Samen und Scheidewände entfernen und das Fruchtfleisch in kleine Würfel schneiden.

Vorbereitete Zwiebel, Knoblauch, Kurkuma, Ingwer, Chiliwürfel, Paprikapulver und Fenchelsamen in einem Mörser zerstoßen und alles zu einer homogenen, geschmeidigen Paste verarbeiten, wie sie im ersten Bild oben links zu sehen ist.

Känguruhfleisch in etwa 3 cm große Würfel schneiden, kühl stellen. Den Kürbis schälen, die Samen sowie das faserige Innere entfernen und das Kürbisfleisch in etwa 2 cm große Stücke schneiden, zudecken und ebenfalls bis zur weiteren Verwendung beiseite stellen.

1 EL Pflanzenöl in einer Pfanne oder im Wok erhitzen und die Zimtrinde sowie die Kardamomkapseln 1 Minute darin unter ständigem Rühren braten. Wieder herausnehmen. 2 weitere EL Öl in den Wok gießen und heiß werden lassen.

Das Känguruhfleisch salzen. In 2 Portionen im heißen Öl kurz von allen Seiten anbraten und jeweils wieder herausnehmen. Das restliche Öl im Wok erhitzen und die Currypaste darin etwa 1 Minute unter Rühren braten. Zimtrinde, Kardamomkapseln sowie die gebratenen Fleischwürfel wieder einlegen und weitere 5 Minuten mitbraten. Das Tamarindenwasser sowie den Rinderfond angießen und das Curry bei geringer Hitze etwa 60 Minuten schmoren. Sollte das Gericht zu trocken werden, noch etwas Fond angießen. 10 Minuten vor Ende der Garzeit die Kürbisstücke einlegen und mitköcheln.

Inzwischen die Mandeln für 2 bis 3 Minuten in kochendes Wasser legen. Abseihen, die Mandeln kalt abspülen, häuten und jede Mandel in 4 Stücke schneiden.

Das Kangaroo Korma vom Herd nehmen, abschmecken. Mit den Mandeln sowie dem Koriandergrün bestreuen und nach Belieben mit Duftreis servieren.

▼ **Für schnelles Anbraten** bei starker Hitze – wobei man ständig rühren muß, damit nichts anbrennt – eignet sich der Wok genauso gut wie für langsames Schmoren.

Beilagen zum Curry

Ideale Ergänzung zu würzigen Curries ist Getreide – einmal ernährungsphysiologisch, aber auch vom Geschmack her, denn Reis oder zu knusprigem Brot verbackener Weizen vermögen bestens, die feurige Schärfe auszugleichen. Welches von beiden man wählt, hängt in erster Linie von der Konsistenz eines Currys ab: zu saucenreichen Gerichten wird man Reis bevorzugen, solche mit weniger Sauce lassen sich gut mit den dünnen indischen Fladenbroten – Parathas oder Pooris – essen.

Das ist jedoch noch längst nicht alles: Curries werden häufig begleitet von pikanten, süß-scharfen oder süßsauren Chutneys, die den Appetit anregen und am besten frisch, aus Früchten oder aus Gemüse, hergestellt werden. Eine säuerliche Note bringen zudem Salate und Raitas, erfrischende Tunken auf Joghurtbasis.

Fragrant rice – höchst aromatisch durch Zitronengras, Kaffir-Limette, Curryblätter, Muskatblüte und Gewürznelken.

Gekochter Reis ist die Beilage zu Curries schlechthin · Entweder man serviert ihn pur, oder aber, wie bei den hier vorgestellten Varianten, mit diversen Gewürzen aromatisiert

Zweimal duftender Reis

Das feine Aroma der Duftreissorten, zu denen auch Jasminreis zählt, ist allein für sich schon delikat. In diesen Rezepten bekommt der Reis jedoch noch zusätzlich Geschmack durch Gewürze, die in heißem Ghee oder Öl angebraten werden, bis sie zu duften beginnen.

ZUTATEN

Für den Fragrant rice:
(für 4 bis 6 Portionen)
1 Stengel Zitronengras (10 g)
2 EL Erdnußöl
10 frische Curryblätter
Zesten von 1/2 Kaffir-Limette
2 Muskatblüten (Macis)
6 Nelken, 500 g Jasminreis
Salz, frisch gemahlener Pfeffer
300 ml Kokosmilch

FRAGRANT RICE

Das Zitronengras in feine Ringe schneiden. Das Erdnußöl in einem Topf erhitzen und die Curryblätter darin braten, bis sie zu duften beginnen. Zitronengras, Limettenzesten, Muskatblüten und Nelken 2 bis 3 Minuten mitbraten. Den Reis unter kräftigem Rühren dazuschütten. Mit 400 ml Wasser aufgießen, einmal aufkochen lassen. Die Hitze reduzieren, mit Salz und Pfeffer würzen und die Kokosmilch gut unterrühren. Den Topf zudecken und den Reis bei 150 bis 160 °C im vorgeheizten Ofen 20 bis 30 Minuten ausquellen lassen.

ZUTATEN

Für den Kurkumareis:
8 g frische Kurkumawurzel, 2 EL Pflanzenöl, 200 g thailändischer Duftreis, 300 ml Kokosmilch, Salz

KURKUMAREIS

Die Kurkuma schälen und fein reiben. Wer vermeiden will, gelbe Hände zu bekommen, trägt dabei am besten Handschuhe, denn die Wurzel färbt doch recht stark. Weiterverfahren, wie in der Bildfolge unten gezeigt. Den Kurkumareis anschließend zugedeckt bei 200 °C in 20 bis 25 Minuten im vorgeheizten Ofen fertiggaren und servieren.

Kurkumareis kochen:

Das Öl in einem feuerfesten Topf erhitzen und die Kurkumaraspel darin 1 bis 2 Minuten anschwitzen.

Den Reis dazuschütten, unter Rühren kurz mitschwitzen. 200 ml Wasser zugießen und aufkochen lassen.

Die Hitze reduzieren. Die Kokosmilch einrühren und den Reis nach Belieben salzen. Vom Herd nehmen.

ZUTATEN

Für den Bryani rice:
(für 4 bis 6 Portionen)
600 g Basmati-Reis
15 g frische Ingwerwurzel, geschält
2 Knoblauchzehen, geschält
30 g Schalotten, geschält
50 g Ghee, 10 g Zimtstange
8 grüne Kardamomkapseln
6 Nelken
Salz, 40 ml Rosenwasser
1 Messerspitze Safranfäden

Als Beilage zu scharfwürzigen Curries hervorragend geeignet ist der milde, in Kokosmilch gekochte und mit Kurkuma gelb gefärbte Reis – Nasi Kunyit genannt. Doch auch aromatisiert mit Zitronengras und frischen Curryblättern oder wie rechts, zweifarbig, weiß und gelb, gefärbt mit Safran-Rosenwasser –, reicht man gewürzten Reis gern zu diversen Curries.

Besticht durch seine ausgewogene Gewürzmischung · Mit Zimt, Kardamom und Nelken · Durch Beträufeln mit Safran-Rosenwasser erhält dieser Reis seine interessante Färbung

Bryani rice

Reis waschen, bis das Wasser klar abläuft, gut abtropfen lassen. Ingwer, Knoblauch und Schalotten fein hacken. In einem feuerfesten Topf das Fett erhitzen und Zimt, Kardamom sowie die Nelken darin unter Rühren anbraten, bis sie zu duften beginnen. Weiterverfahren, wie in den ersten 3 Steps unten gezeigt. Ist der Reis nur noch knapp von Wasser bedeckt, den Topf vom Herd nehmen und zugedeckt bei 150 °C im vorgeheizten Ofen in 15 Minuten fertiggaren. Rosenwasser mit dem Safran aufkochen, 1 Minute köcheln lassen und beiseite stellen. Weiterverfahren, wie im letzten Bild gezeigt. Den Reis dann nochmals für 5 Minuten in den Ofen stellen.

Bryani rice kochen:

Die Ingwer-, Knoblauch- und Schalottenwürfel unter ständigem Rühren mitbraten, dabei leicht Farbe nehmen lassen.

Den gewaschenen Basmati-Reis auf einmal dazuschütten und 3 bis 4 Minuten unter ständigem Rühren mitbraten.

1 l Wasser angießen, salzen, aufkochen und simmern lassen, bis der Reis nur noch knapp mit Wasser bedeckt ist.

Nach 15 Minuten den Reis aus dem Ofen nehmen und mit einem Löffel das Safran-Rosenwasser darüberträufeln.

Meist mit säuerlicher Note, manchmal jedoch auch süß-sauer · Chutneys, etwa mit Kokos oder Kräutern zubereitet, schmecken übrigens am besten frisch und selbstgemacht

Chutneys

Serviert werden Chutneys zum Curry, aber immer separat, in kleinen Schälchen.

TOMATEN-CHUTNEY

Ingwer in feine Streifen schneiden. Knoblauch schälen und sehr fein hacken. Tomaten blanchieren, häuten, halbieren. Stielansätze und Samen entfernen, diese durchpassieren, dabei den Saft auffangen. Das Fruchtfleisch klein würfeln. Das Öl in einem Topf erhitzen und das Panch foron darin bei mittlerer Hitze 1 bis 2 Minuten braten. Chilies, Knoblauch und Ingwer 1 Minute mitbraten, Tomaten, Salz und Zucker zufügen, aufgefangenen Tomatensaft angießen und alles bei reduzierter Hitze 15 bis 20 Minuten köcheln, bis die Sauce leicht andickt. Aprikosen 1/2 cm groß würfeln. Von den grünen Chilies die Stielansätze entfernen und die Schoten mit den Aprikosen zu den Tomaten geben. Alles noch 10 bis 15 Minuten köcheln lassen. In gut verschlossenen Gläsern kann man das Chutney einige Zeit im Kühlschrank aufbewahren.

KOKOSNUSS-CHUTNEY

Kokosraspel mit Limettensaft und 3 EL Wasser im Mixer glattrühren. Zwiebel, Knoblauch und Ingwer schälen, die Chilies von den Stielansätzen, Samen und Scheidewänden befreien, alles zufügen und nochmals kurz durchmixen. Das Öl erhitzen und die Senfsamen darin 1 Minute unter Rühren braten. Mixerinhalt zuschütten, 1 bis 2 Minuten garen – das Kokosfleisch darf sich dabei nicht verfärben. Mit Salz und Zucker würzen.

MINT-CHUTNEY

Die Minze trocknen. Zwiebeln putzen und fein hacken. Die Chilies halbieren, Stielansätze, Samen und Scheidewände entfernen und hacken. Den Essig sowie 2 bis 3 EL Wasser mit der Hälfte der Minze im Mixer pürieren. Restliche Minze untermixen. Zwiebeln, Chilies, Salz und Zucker zufügen. Nur noch grob zerkleinern und servieren (ohne Abbildung).

Ob in Fett ausgebacken oder »trocken« im Ofen geröstet – die dünnen knusprigen Fladen passen perfekt zu wohlgewürzten Curries · Es gibt sie auch fertig zu kaufen

Indische Brote

Zur Herstellung dieser Brote, die sich mehr in der Zubereitung als in den Zutaten unterscheiden, dient meist Weizenvollkornmehl, Chapati Ata genannt. Es empfiehlt sich, danach zu fahnden; unser Weizenvollkornmehl kann zwar als Ersatz dienen, doch gelingen die Fladen mit indischem Mehl einfach besser.

PARATHAS

Alle Zutaten in einer Schüssel zu einem glatten Teig verarbeiten. Auf der bemehlten Arbeitsfläche 5 Minuten durchkneten, in 6 Stükke teilen, zu Fladen von 18 cm Durchmesser ausrollen. Etwas Ghee oder Öl in einer Pfanne erhitzen und die Fladen darin nacheinander erst von der einen Seite backen, dann die ungebackene Oberfläche mit Fett einpinseln, umdrehen und von der anderen Seite backen.

PAPADS

Zur Fertigstellung der gekauften Fladen den Ofen auf 200 °C vorheizen. Papads ohne Fett auf den Rost legen und 1 Minute backen – alternativ schwimmend in Fett ausbacken.

POORIS

Zutaten in 10 Minuten zu einem glatten Teig verarbeiten, zur Kugel formen, 1 Stunde bei Zimmertemperatur ruhen lassen. In 12 Stücke teilen, zu Fladen von 15 cm Durchmesser ausrollen und nacheinander von beiden Seiten in reichlich heißem Öl kroß ausbacken, wobei sie sich etwas aufblähen.

CHAPATIS

Mehl und Salz vermengen, Fett und Wasser mit einem Löffel unterrühren, mit den Händen zu einem Teig kneten. 10 Minuten quellen lassen, nochmals 5 Minuten kneten, bis der Teig glatt ist. In 10 Portionen teilen und zu Fladen von je 15 cm Durchmesser ausrollen. Eine gußeiserne Pfanne ohne Fett erhitzen, jeweils 1 Teigfladen darin backen, bis sich die ersten braunen Flecken zeigen. Wenden und auch die andere Seite bräunen.

Indische Fladenbrote. Von oben nach unten: Parathas, Papads oder Papadams – Fladen aus Linsenmehl, die es vorgebacken und gewürzt mit Pfeffer, Chilies oder Kreuzkümmel in Spezialgeschäften zu kaufen gibt –, in reichlich Fett ausgebackene Pooris und Chapatis.

ZUTATEN

Für die Parathas:
(ergibt 6 Stück)
125 g Chapati Ata oder Weizenvollkornmehl, etwa 75 ml lauwarmes Wasser, 1 EL Pflanzenöl
1 bis 11/2 EL Minzeblättchen, fein gehackt, 1/2 TL grob gemahlener Pfeffer, 1/4 TL Salz
Ghee oder Öl zum Ausbacken

Für die Pooris:
(ergibt 12 Stück)
Dieselben Zutaten wie für Chapatis
Pflanzenöl zum Ausbacken

Für die Chapatis:
(ergibt 10 Stück)
125 g Chapati Ata oder Weizenvollkornmehl
1/2 TL Salz, 1 TL Pflanzenöl oder zerlassenes Ghee
etwa 80 ml lauwarmes Wasser

Für das Tomaten-Chutney:
35 g frische Ingwerwurzel, geschält
6 Knoblauchzehen, 900 g Tomaten
40 ml Pflanzenöl, 1 1/2 TL Panch foron, 3 getrocknete rote Chilischoten, Salz, 100 g Palmzucker
150 g getrocknete Aprikosen
2 grüne Chilischoten

Für das Kokosnuß-Chutney:
100 g frisch geriebene Kokosnuß
Saft von 1 Limette, 60 g weiße Zwiebel, 1 Knoblauchzehe
20 g frische Ingwerwurzel, 2 grüne Chilischoten, 2 EL Pflanzenöl
1 TL schwarze Senfsamen
Salz, 1 EL brauner Zucker

Für das Mint-Chutney:
20 g Minzeblättchen, gewaschen
50 g rote Frühlingszwiebeln
2 rote Chilischoten, 2 bis 3 EL heller Essig (etwa Kokosessig, 5 % Säure)
1/2 TL Salz, 1 EL Zucker

ZUTATEN

Für den Salat mit Tomaten:
300 g Tomaten
60 g Zwiebel
20 g frische Ingwerwurzel
2 grüne Chilischoten
Salz, 3 EL Limettensaft
2 EL gehacktes Koriandergrün

Für den Salat mit Weißkohl:
80 g weiße Zwiebeln
400 g Weißkohl
100 g Möhren
80 g rote Paprikaschote
4 EL Minze, in feinen Streifen
Für das Dressing:
1 rote Chilischote
2 Knoblauchzehen
20 g Palmzucker
1 EL Zuckerrohressig
Saft von 1 Kaffir-Limette
3 EL Fischsauce
3 EL Erdnußöl
Salz, frisch gemahlener Pfeffer

Für den Gurkensalat mit Moong dal:
50 g Moong dal, Salz
300 g Salatgurke
40 g frisch geriebenes Kokosnußfleisch
Saft von 1/2 Kaffir-Limette
1 EL Kokosessig (5 % Säure)
frisch gemahlener Pfeffer nach Belieben
2 EL Pflanzenöl
1/4 TL schwarze Senfsamen
1/2 TL Urid dal
1 rote getrocknete Chilischote
5 frische Curryblätter
1 EL Koriandergrün

Die erfrischenden Ergänzungen zu Curries haben eine angenehm säuerliche Note · Sind schnell herzustellen · Sie werden separat in kleinen Schälchen auf den Tisch gebracht

Salat und Raita

Salate oder »Cachumbers« bestehen in Indien meist aus Zwiebeln und weiterem rohem Gemüse wie Kohl, Tomaten oder Gurken.

SALAT MIT TOMATEN

Die Tomaten vierteln, von Stielansätzen sowie Samen befreien und klein würfeln. Zwiebel und Ingwer schälen, beides fein hacken. Chilischoten vom Stielansatz befreien, in dünne Ringe schneiden, dabei die Samen entfernen. In einer Schüssel alle Zutaten gut vermischen und den Salat zugedeckt 1 Stunde im Kühlschrank durchziehen lassen.

SALAT MIT WEISSKOHL

Die Zwiebeln schälen, halbieren und in dünne Scheiben schneiden. Den Weißkohl vierteln, den Strunk entfernen und das Kraut in dünne Streifen schneiden oder hobeln. Die Möhren schälen, längs halbieren und der Länge nach erst in dünne Scheiben, dann in Stifte von etwa 5 cm Länge schneiden. Die Paprikaschote vierteln, Stielansatz, Scheidewände und Samen entfernen und das Fruchtfleisch in dünne Streifen schneiden. Für das Dressing die Chilischote vom Stielansatz befreien und das Fruchtfleisch in feine Ringe schneiden, dabei die Samen entfernen. Den Knoblauch schälen und fein hacken. Zucker und Essig mit dem Limettensaft sowie der Fischsauce verrühren, bis sich der Zucker gelöst hat. Chiliringe, Knoblauch sowie das Öl unterrühren und das Dressing nach Belieben mit Salz und Pfeffer würzen. Weißkohl, Möhren, Zwiebeln und Paprika in eine Schüssel füllen, mit dem Dressing sowie der Minze vermischen. Den Salat vor dem Servieren etwa 10 Minuten durchziehen lassen.

GURKENSALAT MIT MOONG DAL

Die Moong dal sorgfältig verlesen, in einem Sieb unter fließendem Wasser waschen, bis das Wasser klar abläuft. In eine Schüssel füllen, die Hülsenfrüchte mit Wasser bedecken und 1 Stunde einweichen lassen. Abseihen, in leicht gesalzenem Wasser 8 bis 10 Minuten köcheln. Abgießen und auskühlen lassen. Die Gurke schälen und in 3 mm dicke Scheiben schneiden. Moong dal, Gurke, Kokosraspel, Limettensaft, Essig, Salz und Pfeffer in einer Schüssel vermengen. Das Öl erhitzen und die Senfsamen darin einige Sekunden rösten. Urid dal mitrösten, bis sie sich hell verfärben. Chilischote und Curryblätter noch 1 Minute mitrösten, den Pfanneninhalt auf einen Teller schütten und auskühlen lassen. Die Mischung mit den Zutaten in der Schüssel vermengen, abschmecken und mit Koriandergrün garniert servieren.

RAITA MIT MINZE

Den Joghurt glattrühren. Frühlingszwiebeln halbieren, in feine Streifen schneiden. Die Chilischote in dünne Streifen schneiden. Zwiebeln, Chili und Minze unter den Joghurt rühren, alles gut vermischen. Salzen und pfeffern, mit Klarsichtfolie bedecken und 1 Stunde kühl stellen.

ZUTATEN

Für das Raita mit Minze:
300 g Joghurt (etwa aus Schafmilch)
40 g rote Frühlingszwiebeln, geputzt
1 rote Chilischote, ohne Stielansatz, Samen und Scheidewände
3 EL Minzeblättchen, in feine Streifen geschnitten
Salz, frisch gemahlener Pfeffer nach Belieben

Impressum

Genehmigte Lizenzausgabe für
Verlagsgruppe Weltbild GmbH, Augsburg

Umschlaggestaltung Coverdesign Uhlig, Gersthofen
Umschlagmotiv Christian Teubner, Odette Teubner, Andreas Nimptsch
Fotografien Christian Teubner, Odette Teubner, Andreas Nimptsch
Gesamtherstellung Druckerei Appl, Wemding
Printed in Germany

Wir danken
Benton Toh, The Ritz-Carlton Millenia Singapore, Singapore; Yim Chee Peng, Singapore; Tony Khoo, Singapore; Jaswinder Singh, Jaswinder Kaur Bhamra, Fa. India Food Company, Hamburg; Fa. Alfred Ewert, Göttingen

ISBN 3-8289-1114-5

2005 2004 2003 2002
Die letzte Jahreszahl gibt die aktuelle Lizenzausgabe an.